Viduržemio jūros virtuvė

Įkvėpimas ir skoniai iš Graikijos, Italijos, Ispanijos ir daugiau

Elena Petrauskaitė

Turinys

kushari	9
Bulguras su pomidorais ir avinžirniais	12
Skumbrės makaronai	14
Mačeronai su vyšniniais pomidorais ir ančiuviais	16
Citrinų ir krevečių risotto	18
Spagečiai su midijomis	20
Graikiška žuvies sriuba	22
Venere ryžiai su krevetėmis	24
Penetė su lašiša ir degtine	26
Jūros gėrybės Carbonara	28
Garganelli su cukinijų pesto ir krevetėmis	29
lašišos rizotas	33
Makaronai su vyšniniais pomidorais ir ančiuviais	35
Brokoliai ir dešra orecchiette	37
Risotto su radicchio ir rūkyta šonine	39
Genovese makaronai	41
Žiedinių kopūstų makaronai iš Neapolio	44
Makaronai e Fagioli su apelsinu ir pankoliu	46
Spagečiai al Limone	48
Pagardintas daržovių kuskusas	49
Pagardinti kepti ryžiai su pankoliu	51
Marokietiško stiliaus kuskusas su avinžirniais	53
Vegetariška paelija su šparaginėmis pupelėmis ir avinžirniais	55
Česnakinės krevetės su pomidorais ir baziliku	57

Krevetės Paella ... 59

Lęšių salotos su alyvuogėmis, mėtomis ir feta ... 61

Avinžirniai su česnaku ir petražolėmis ... 63

Troškinti avinžirniai su baklažanais ir pomidorais ... 65

Graikiški citrininiai ryžiai ... 67

Česnako žolelių ryžiai ... 69

Viduržemio jūros ryžių salotos ... 71

Salotos su šviežiomis pupelėmis ir tunu ... 73

Skanūs vištienos makaronai ... 75

Skonis Taco ryžių dubuo ... 77

Skoningas mac & sūris ... 79

Agurkų alyvuogių ryžiai ... 81

Skonis Žolelių Risotto ... 83

Skanūs makaronai Primavera ... 85

Makaronai su keptomis paprikomis ... 87

Sūris Bazilikas Pomidorų Ryžiai ... 89

Mac ir sūris ... 91

Tuno makaronai ... 93

Avokadų ir kalakutų mišinys Panini ... 95

Agurkų, vištienos ir mango įvyniojimas ... 97

Fattoush – Artimųjų Rytų duona ... 99

Midijos baltame vyne ... 101

Krapų lašiša ... 103

Sklandi lašiša ... 105

Tuno melodija ... 106

jūros sūris ... 107

Sveiki kepsniai ... 108

žolė lašiša 109

Dūminis glazūruotas tunas 110

Traškus otas 111

Tinka tunas 112

Karšti ir švieži žuvies kepsniai 113

O'Marine kriauklės 114

Lėtos viryklės Viduržemio jūros jautienos kepsnys 115

Slow Cooker Viduržemio jūros jautiena su artišokais 117

Viduržemio jūros stiliaus liesas lėtos viryklės kepsnys 119

Slow Cooker Meatloaf 121

Slow Cooker Viduržemio jūros jautienos Hoagies 123

Viduržemio jūros kiaulienos kepsnys 125

jautienos pica 127

Jautienos ir Bulgur mėsos kukuliai 130

Skani jautiena ir brokoliai 132

Jautienos kukurūzų čili 133

Balzaminis jautienos patiekalas 135

Sojų padažas jautienos kepsnys 137

Rozmarino jautienos Chuck kepsnys 139

Kiaulienos kotletai ir pomidorų padažas 141

Vištiena su kaparėlių padažu 142

Turkijos mėsainis su mangų salsa 144

Žolelėse kepta kalakutienos krūtinėlė 146

Vištienos dešra ir pipirai 148

Vištiena Piccata 150

Toskanos vištiena keptuvėje 152

Vištiena Kapama 154

Vištienos krūtinėlė įdaryta špinatais ir feta 156

Rozmarinuose keptos vištienos kojos 158

Vištiena su svogūnais, bulvėmis, figomis ir morkomis 159

Vištienos giroskopas su tzatziki 161

mussaka 163

Kiaulienos nugarinė iš Dižono ir žolelės 165

Kepsnys su raudonojo vyno grybų padažu 167

Graikiški kotletai 170

Ėriena su pupelėmis 172

Vištiena pomidorų balzamiko padaže 174

Rudieji ryžiai, feta, švieži žirneliai ir mėtų salotos 176

Pilno grūdo pita duona, užpildyta alyvuogėmis ir avinžirniais 178

Skrudintos morkos su graikiniais riešutais ir cannellini pupelėmis 180

Pagardinta sviestine vištiena 182

Dviguba sūrio šoninė vištiena 184

Krevetės su citrina ir pipirais 186

Keptas ir pagardintas otas 188

Paprasti zoodeliai 190

Lęšių pomidorų apykaklės įvyniojimai 191

Viduržemio jūros daržovių dubuo 193

Apvyniokite ant grotelių keptomis daržovėmis ir humusu 195

Ispanijos šparaginės pupelės 197

Kaimiškas žiedinių kopūstų ir morkų maišas 198

Skrudinti žledlniai kopustai ir pomidorai 199

Skrudintas gilių moliūgas 201

Kepti česnakiniai špinatai 203

Kepta cukinija su česnaku ir mėtomis 205

Troškinta Okra 206
Daržovėmis įdarytos saldžiosios paprikos 208
Moussaka baklažanai... 210
Daržovėmis įdaryti vynuogių lapai... 212
Ant grotelių kepti baklažanų suktinukai 214
Traškūs cukinijų paplotėliai 216

kushari

Paruošimo laikas: 25 minutės

maisto gaminimo metas: 1 valanda ir 20 minučių

Porcijos: 8

Sunkumas: sunkus D

Ingridientai:

- padažui
- 2 šaukštai alyvuogių aliejaus
- 2 česnako skiltelės, susmulkintos
- 1 (16 uncijų) skardinė pomidorų padažo
- ¼ puodelio baltojo acto
- ¼ puodelio harisos arba pirktos parduotuvėje
- 1/8 arbatinio šaukštelio druskos
- Dėl ryžių
- 1 puodelis alyvuogių aliejaus
- 2 svogūnai, plonais griežinėliais
- 2 puodeliai džiovintų rudųjų lęšių
- 4 litrai plius ½ puodelio vandens, padalinti
- 2 puodeliai apvalių grūdų ryžių
- 1 arbatinis šaukštelis druskos
- 1 svaras makaronų su trumpomis alkūnėmis
- 1 (15 uncijų) skardinė avinžirnių, nusausinti ir nuplauti

kryptys:

Padažui gaminti

Puode užvirkite alyvuogių aliejų. Apkepkite česnaką. Įmaišykite pomidorų padažą, actą, harisą ir druską. Padažą užvirinkite. Sumažinkite ugnį iki minimumo ir virkite 20 minučių arba kol padažas sutirštės. Išimkite ir atidėkite į šalį.

Ryžiams gaminti

Paruoškite lėkštę popieriniais rankšluosčiais ir atidėkite. Didelėje keptuvėje ant vidutinės-stiprios ugnies įkaitinkite alyvuogių aliejų. Kepkite svogūnus, dažnai maišydami, kol jie taps traškūs ir auksinės rudos spalvos. Sudėkite svogūnus ant paruoštos lėkštės ir atidėkite. Rezervuokite 2 šaukštus kepimo aliejaus. Rezervuokite keptuvę.

Puode ant stiprios ugnies sumaišykite lęšius ir 4 puodelius vandens. Leiskite užvirti ir virkite 20 minučių. Nukoškite ir sumaišykite su rezervuotais 2 šaukštais kepimo aliejaus. Padėkite į šalį. Rezervuokite puodą.

Įdėkite keptuvę, kurioje pakepinote svogūnus, ant vidutinės ugnies ir įpilkite ryžių, 4½ puodelio vandens ir druskos. Užvirinkite. Nustatykite ugnį iki mažos ir virkite 20 minučių. Išjunkite ir atidėkite 10 minučių. Tame pačiame puode, kuriame virėte lęšius, ant stiprios ugnies užvirinkite likusius 8 puodelius pasūdyto vandens. Sudėkite makaronus ir virkite 6 minutes arba pagal pakuotės nurodymus. Nusausinkite ir atidėkite į šalį.

kalnas

Sudėkite ryžius ant serviravimo lėkštės. Ant viršaus uždėkite lęšių, avinžirnių ir makaronų. Apšlakstykite aštriu pomidorų padažu ir pabarstykite traškiais keptais svogūnais.

Mityba (100 g): 668 kalorijos 13 g riebalų 113 g angliavandenių 18 g baltymų 481 mg natrio

Bulguras su pomidorais ir avinžirniais

Paruošimo laikas: 10 minučių

maisto gaminimo metas: 35 minutes

Porcijos: 6

Sunkumo lygis: Vidutinis

Ingridientai:

- ½ puodelio alyvuogių aliejaus
- 1 svogūnas, susmulkintas
- 6 kubeliais pjaustyti pomidorai arba 1 (16 uncijų) skardinė kubeliais pjaustytų pomidorų
- 2 šaukštai pomidorų pastos
- 2 puodeliai vandens
- 1 valgomasis šaukštas harisos arba parduotuvėje pirktos
- 1/8 arbatinio šaukštelio druskos
- 2 puodeliai rupaus bulguro
- 1 (15 uncijų) skardinė avinžirnių, nusausinti ir nuplauti

kryptys:

Puode storu dugnu įkaitinkite alyvuogių aliejų ant vidutinės-stiprios ugnies. Pakepinkite svogūną, tada sudėkite pomidorus su jų sultimis ir kepkite 5 minutes.

Įmaišykite pomidorų pastą, vandenį, harisą ir druską. Užvirinkite.

Įmaišykite bulgurą ir avinžirnius. Mišinį užvirinkite. Sumažinkite ugnį iki minimumo ir virkite 15 minučių. Prieš patiekdami palikite 15 minučių pailsėti.

Mityba (100 g): 413 kalorijų 19 g riebalų 55 g angliavandenių 14 g baltymų 728 mg natrio

Skumbrės makaronai

Paruošimo laikas: 10 minučių

maisto gaminimo metas: 15 minučių

Porcijos: 4

Sunkumo lygis: Lengvas

Ingridientai:

- 12 uncijų makaronų
- 1 skiltelė česnako
- 14 uncijų pomidorų padažas
- 1 šakelė kapotų petražolių
- 2 švieži čili pipirai
- 1 arbatinis šaukštelis druskos
- 7 uncijos skumbrės aliejuje
- 3 šaukštai aukščiausios kokybės pirmojo spaudimo alyvuogių aliejaus

kryptys:

Pradėkite nuo vandens užvirimo puode. Kol vanduo kaista, paimkite keptuvę, supilkite šiek tiek aliejaus ir šiek tiek česnako ir virkite ant silpnos ugnies. Kai česnakas iškeps, ištraukite jį iš keptuvės.

Čili pipirą supjaustykite, išimkite vidines sėklas ir supjaustykite plonomis juostelėmis.

Į tą pačią keptuvę, kaip ir anksčiau, įpilkite virimo vandens ir čili pipirų. Tada paimkite skumbrę ir nusausinę aliejų bei šakute atskyrę supilkite į keptuvę su kitais ingredientais. Lengvai pakepinkite, įpylę šiek tiek virimo vandens.

Kai visi ingredientai gerai sumaišomi, į keptuvę supilkite pomidorų tyrę. Gerai išmaišykite, kad visi ingredientai tolygiai pasiskirstytų, ir virkite ant mažos ugnies apie 3 minutes.

Pereikime prie makaronų:

Kai vanduo pradeda virti, įpilkite druskos ir makaronų. Nusausinkite mačeronus, kai jie šiek tiek suminkštės, ir sudėkite į paruoštą padažą.

Padaže trumpai pabarstykite ir, paragavę, pagal skonį pagardinkite druska ir pipirais.

Mityba (100 g): 510 kalorijų 15,4 g riebalų 70 g angliavandenių 22,9 g baltymų 730 mg natrio

Mačeronai su vyšniniais pomidorais ir ančiuviais

Paruošimo laikas: 10 minučių
maisto gaminimo metas: 15 minučių

Porcijos: 4

Sunkumo lygis: Lengvas

Ingridientai:

- 14 uncijų Maccheroni makaronų
- 6 sūdyti ančiuviai
- 4 uncijos vyšninių pomidorų
- 1 skiltelė česnako
- 3 šaukštai aukščiausios kokybės pirmojo spaudimo alyvuogių aliejaus
- Švieži čili pipirai pagal skonį
- 3 baziliko lapeliai
- druskos pagal skonį

kryptys:

Pradėkite kaitindami vandenį puode ir, kai užvirs, įberkite druskos. Tuo tarpu paruoškite padažą: nuplovę pomidorus paimkite ir supjaustykite į 4 dalis.

Dabar paimkite nepridegančią keptuvę, pašlakstykite joje šiek tiek aliejaus ir įmeskite česnako skiltelę. Po kepimo išimkite iš keptuvės. Į keptuvę sudėkite švarius ančiuvius ir ištirpinkite aliejuje.

Kai ančiuviai gerai ištirps, suberkite pjaustytus pomidorus ir padidinkite ugnį, kol suminkštės (žiūrėdami, kad nesuminkštėtų).

Suberkite čili pipirus be sėklų, supjaustykite mažais gabalėliais ir pagardinkite.

Sudėkite makaronus į puodą su verdančiu vandeniu, nusausinkite al dente ir trumpai prakaituokite puode.

Mityba (100 g): 476 kalorijos 11 g riebalų 81,4 g angliavandenių 12,9 g baltymų 763 mg natrio

Citrinų ir krevečių risotto

Paruošimo laikas: 10 minučių

maisto gaminimo metas: 30 minučių

Porcijos: 4

Sunkumo lygis: Lengvas

Ingridientai:

- 1 citrina
- 14 uncijų išlukštentų krevečių
- 1 ¾ puodelio rizoto ryžių
- 1 baltas svogūnas
- 33 fl. oz (1 litras) daržovių sultinio (gerai ir mažiau)
- 2½ šaukšto sviesto
- ½ stiklinės baltojo vyno
- druskos pagal skonį
- Juodieji pipirai pagal skonį
- česnako pagal skonį

kryptys:

Pradėkite virti krevetes pasūdytame vandenyje 3–4 minutes, nusausinkite ir atidėkite.

Svogūną nulupkite ir smulkiai supjaustykite, pakepinkite su lydytu sviestu ir, sviestui išdžiūvus, keptuvėje keletą minučių paskrudinkite ryžius.

Ryžius nuglaistykite puse stiklinės baltojo vyno, tada įpilkite 1 citrinos sulčių. Išmaišykite ryžius ir baikite virti, prireikus įpildami šaukštą daržovių sultinio.

Gerai išmaišykite ir likus kelioms minutėms iki kepimo pabaigos suberkite anksčiau išvirtas krevetes (dalį atidėkite garnyrui) ir šiek tiek juodųjų pipirų.

Išjungus ugnį, įdėkite gabalėlį sviesto ir išmaišykite. Risotto paruoštas patiekti. Papuoškite likusiomis krevetėmis ir pabarstykite laiškiniais česnakais.

Mityba (100 g): 510 kalorijų 10 g riebalų 82,4 g angliavandenių 20,6 g baltymų 875 mg natrio

Spagečiai su midijomis

Paruošimo laikas: 10 minučių

maisto gaminimo metas: 40 minučių

Porcijos: 4

Sunkumo lygis: Lengvas

Ingridientai:

- 11,5 uncijos spagečių
- 2 svarai moliuskų
- 7 uncijos pomidorų padažo arba pomidorų pastos raudonai šio patiekalo versijai
- 2 skiltelės česnako
- 4 šaukštai aukščiausios kokybės pirmojo spaudimo alyvuogių aliejaus
- 1 stiklinė sauso baltojo vyno
- 1 valgomasis šaukštas smulkiai pjaustytų petražolių
- 1 čili pipiras

kryptys:

Pradėkite nuo moliuskų plovimo: niekada „nevalykite" moliuskų – juos reikia atidaryti tik karščiu, kitaip kartu su smėliu praras brangų jų vidaus skystį. Greitai nuplaukite midijas į kiaurasamtį salotų dubenyje: taip išfiltruosite smėlį ant lukštų.

Tada nusausintas midijas iš karto sudėkite į puodą su dangčiu ant stiprios ugnies. Retkarčiais juos pasukite, o kai beveik visi atsidarys, nukelkite nuo ugnies. Uždaryti kevalai yra negyvi ir turi būti pašalinti. Moliuskus išimkite iš atidarytų, palikite šiek tiek sveikų patiekalams papuošti. Keptuvės apačioje likusį skystį nukoškite ir atidėkite.

Paimkite didelę keptuvę ir įpilkite į ją šiek tiek aliejaus. Ant labai silpnos ugnies pakaitinkite vieną visą papriką ir vieną ar dvi sutrintas česnako skilteles, kol gvazdikėliai pagels. Sudėkite midijas ir pagardinkite sausu baltuoju vynu.

Dabar įpilkite anksčiau ištempto midijų skysčio ir šiek tiek smulkiai pjaustytų petražolių.

Spagečius nukoškite ir iš karto po virimo į keptuvę al dente įmeskite į daug pasūdyto vandens. Gerai išmaišykite, kol spagečiai sugers visą skystį iš midijų. Jei nenaudojote čili pipiro, užbaikite jį lengvai pabarstykite baltaisiais arba juodaisiais pipirais.

Mityba (100 g): 167 kalorijos 8 g riebalų 8,63 g angliavandenių 5 g baltymų 720 mg natrio

Graikiška žuvies sriuba

Paruošimo laikas: 10 minučių

maisto gaminimo metas: 60 minučių

Porcijos: 4

Sunkumo lygis: Lengvas

Ingridientai:

- Jūros lydeka ar kita balta žuvis
- 4 bulves
- 4 laiškiniai svogūnai
- 2 morkos
- 2 saliero lazdelės
- 2 pomidorai
- 4 šaukštai aukščiausios kokybės pirmojo spaudimo alyvuogių aliejaus
- 2 kiaušiniai
- 1 citrina
- 1 puodelis ryžių
- druskos pagal skonį

kryptys:

Pasirinkite žuvį, kuri sveria ne daugiau kaip 2,2 svaro, pašalinkite jos žvynus, žiaunas ir vidurius ir gerai nuplaukite. Pasūdykite ir atidėkite.

Nuplaukite bulves, morkas ir svogūnus ir sudėkite į puodą su tiek vandens, kad įsigertų ir užvirtų.

Suberkite salierą, dar surištą kekėmis, kad kepant neištirptų, pomidorus perpjaukite į keturias dalis ir kartu su aliejumi ir druska suberkite.

Kai daržovės beveik iškeps, įpilkite daugiau vandens ir įpilkite žuvies. Virkite 20 minučių, tada išimkite iš sultinio kartu su daržovėmis.

Dėkite žuvį į serviravimo dubenį, papuoškite daržovėmis ir nukoškite sultinį. Sultinį vėl uždėkite ant ugnies ir atskieskite trupučiu vandens. Kai užvirs, suberkite ryžius ir pagardinkite druska. Kai ryžiai išvirs, nukelkite puodą nuo viryklės.

Paruoškite Avgolemono padažą:

Kiaušinius gerai išplakti ir pamažu supilti citrinos sultis. Supilkite šiek tiek sultinio į samtį ir lėtai supilkite į kiaušinius, nuolat plakdami.

Galiausiai gautą padažą supilkite į sriubą ir gerai išmaišykite.

Mityba (100 g): 263 kalorijos 17,1 g riebalų 18,6 g angliavandenių 9 g baltymų 823 mg natrio

Venere ryžiai su krevetėmis

Paruošimo laikas: 10 minučių

maisto gaminimo metas: 55 minutes

Porcijos: 3

Sunkumo lygis: Lengvas

Ingridientai:

- 1 ½ puodelio Venere juodųjų ryžių (geriau iš anksto virti)
- 5 arbatiniai šaukšteliai aukščiausios kokybės pirmojo spaudimo alyvuogių aliejaus
- 10,5 uncijos krevetės
- 10,5 uncijos cukinijos
- 1 citrina (sultys ir žievelė)
- stalo druskos pagal skonį
- Juodieji pipirai pagal skonį
- 1 skiltelė česnako
- Tabasco pagal skonį

kryptys:

Pradėkime nuo ryžių:

Pripildę puodą daug vandens ir užvirę, suberkite ryžius, pasūdykite ir virkite reikiamą laiką (virimo instrukcijas žr. ant pakuotės).

Tuo tarpu cukiniją sutarkuokite trintuvu su didelėmis skylutėmis. Keptuvėje įkaitinkite alyvuogių aliejų su nulupta česnako skiltele, suberkite tarkuotą cukiniją, druską, pipirus ir pakepinkite 5 minutes, išimkite česnako skiltelę ir atidėkite daržoves.

Dabar išvalykite krevetes:

Nuimkite lukštą, nupjaukite uodegą, perpjaukite per pusę išilgai ir pašalinkite žarnas (tamsus siūlas eina per nugarą). Išvalytas krevetes sudėkite į dubenį ir pagardinkite alyvuogių aliejumi; Suteikite jam papildomo skonio įberdami citrinos žievelės, druskos ir pipirų bei pagal skonį įlašinę kelis lašus Tabasco.

Keletą minučių pakaitinkite krevetes karštoje keptuvėje. Po virimo atidėkite.

Kai venere ryžiai bus paruošti, perkoškite į dubenį, supilkite cukinijų mišinį ir išmaišykite.

Mityba (100 g): 293 kalorijos 5 g riebalų 52 g angliavandenių 10 g baltymų 655 mg natrio

Penetė su lašiša ir degtine

Paruošimo laikas: 10 minučių

maisto gaminimo metas: 18 minučių

Porcijos: 4

Sunkumo lygis: Lengvas

Ingridientai:

- 14oz Pennette Rigate
- 7 uncijos rūkytos lašišos
- 1,2 uncijos askaloniniai česnakai
- 40 ml (1,35 fl. uncijos) degtinės
- 5 uncijos vyšninių pomidorų
- 7 uncijos šviežios skystos grietinėlės (rekomenduoju augalinį kremą lengvesniam patiekalui)
- česnako pagal skonį
- 3 šaukštai aukščiausios kokybės pirmojo spaudimo alyvuogių aliejaus
- druskos pagal skonį
- Juodieji pipirai pagal skonį
- bazilikas pagal skonį (garnyrui)

kryptys:

Nuplaukite ir supjaustykite pomidorus ir laiškinius česnakus. Nulupę askaloninius česnakus, susmulkinkite jį peiliu, sudėkite į puodą ir keletą akimirkų leiskite pasimarinuoti aukščiausios kokybės pirmojo spaudimo alyvuogių aliejuje.

Tuo tarpu lašišą supjaustykite juostelėmis ir patroškinkite kartu su aliejumi ir askaloniniais česnakais.

Viską sumaišykite su degtine, būkite atsargūs, nes gali kilti liepsna (jei kiltų liepsna, nesijaudinkite, alkoholiui visiškai išgaravus, ji sumažės). Suberkite pjaustytus pomidorus ir pagal skonį įberkite žiupsnelį druskos ir pipirų. Galiausiai supilkite grietinėlę ir smulkintus laiškinius česnakus.

Kol padažas verda, paruoškite makaronus. Kai vanduo užvirs, supilkite pennette ir virkite iki al dente.

Nusausinkite makaronus ir supilkite penetę į padažą ir virkite keletą minučių, kad susigertų visas skonis. Jei norite, papuoškite baziliko lapeliu.

Mityba (100 g): 620 kalorijų 21,9 g riebalų 81,7 g angliavandenių 24 g baltymų 326 mg natrio

Jūros gėrybės Carbonara

Paruošimo laikas: 15 minučių

maisto gaminimo metas: 50 minučių

Porcijos: 3

Sunkumo lygis: Lengvas

Ingridientai:

- 11,5 uncijos spagečių
- 3,5 uncijos tuno
- 3,5 uncijos kardžuvė
- 3,5 uncijos lašišos sal
- 6 kiaušinių tryniai
- 4 šaukštai parmezano sūrio (Parmigiano Reggiano)
- 60 ml (2 fl. uncijos) baltojo vyno
- 1 skiltelė česnako
- Aukščiausios kokybės pirmojo spaudimo alyvuogių aliejus pagal skonį
- stalo druskos pagal skonį
- Juodieji pipirai pagal skonį

kryptys:

Puode paruoškite verdantį vandenį ir įberkite šiek tiek druskos.

Tuo tarpu į dubenį įmuškite 6 kiaušinių trynius ir suberkite tarkuotą parmezaną, pipirus ir druską. Išplakite šluotele ir atskieskite trupučiu virimo vandens iš puodo.

Pašalinkite visus kaulus nuo lašišos, žvynus nuo durklažuvės ir pjaustykite tuną, lašišą ir kardžuvę.

Kai užvirs, sudėkite makaronus ir šiek tiek pakepinkite al dente.

Tuo tarpu didelėje keptuvėje įkaitinkite šiek tiek aliejaus ir sudėkite visą nuluptą česnako skiltelę. Kai aliejus įkaista, suberkite kubeliais pjaustytą žuvį ir kepkite ant stiprios ugnies apie 1 minutę. Išimkite česnaką ir supilkite baltąjį vyną.

Kai alkoholis išgaruos, išimkite žuvies kubelius ir sumažinkite ugnį. Kai spagečiai bus paruošti, supilkite į keptuvę ir virkite, nuolat maišydami, apie minutę, įpildami virimo vandens pagal poreikį.

Supilkite kiaušinio trynių mišinį ir žuvies kubelius. Gerai ismaisyti. Tarnauti.

Mityba (100 g): 375 kalorijos 17 g riebalų 41,40 g angliavandenių 14 g baltymų 755 mg natrio

Garganelli su cukinijų pesto ir krevetėmis

Paruošimo laikas: 10 minučių

maisto gaminimo metas: 30 minučių

Porcijos: 4

Sunkumo lygis: Vidutinis

Ingridientai:

- 14 uncijų Garganelli. kiaušinių pagrindu
- Cukinijų pesto:
- 7 uncijos cukinijos
- 1 puodelis pušies riešutų
- 8 šaukštai (0,35 uncijos) baziliko
- 1 arbatinis šaukštelis valgomosios druskos
- 9 šaukštai aukščiausios kokybės pirmojo spaudimo alyvuogių aliejaus
- 2 šaukštai parmezano sūrio tarkavimui
- 1 uncija pecorino tarkavimui
- Troškintoms krevetėms:
- 8,8 uncijos krevetės
- 1 skiltelė česnako
- 7 arbatiniai šaukšteliai aukščiausios kokybės pirmojo spaudimo alyvuogių aliejaus
- žiupsnelis druskos

kryptys:

Pradėkite ruošdami pesto:

Nuplovę cukinijas sutarkuokite, suberkite į kiaurasamtį (kad netektų skysčio pertekliaus) ir lengvai pasūdykite. Į trintuvą sudėkite kedro riešutus, cukinijas ir baziliko lapelius. Įpilkite tarkuoto parmezano, pecorino ir aukščiausios kokybės pirmojo spaudimo alyvuogių aliejaus.

Ištrinkite iki vientisos masės, įberkite žiupsnelį druskos ir atidėkite.

Pereikite prie krevečių:

Pirmiausia ištraukite žarnas, peiliu perpjaudami krevetės nugarėlę per visą ilgį ir peilio galiuku pašalindami viduje esantį juodą siūlą.

Apkepkite česnako skilteles padengtoje keptuvėje su aukščiausios kokybės pirmojo spaudimo alyvuogių aliejumi. Kai apskrus, išimkite česnaką ir suberkite krevetes. Kepkite ant vidutinės-stiprios ugnies 5 minutes, kol išorėje susidarys traški plutelė.

Tada užvirkite puodą pasūdyto vandens ir išvirkite garganelli. Atidėkite kelis šaukštus virimo vandens ir nusausinkite makaronus al dente.

Į keptuvę, kurioje ruošėte krevetes, sudėkite garganelli. Virkite kartu minutę, įpilkite šaukštą virimo vandens ir galiausiai sudėkite cukinijų pesto.

Gerai išmaišykite, kad makaronai susimaišytų su padažu.

Mityba (100 g):776 kalorijos 46 g riebalų 68 g angliavandenių 22,5 g baltymų 835 mg natrio

lašišos rizotas

Paruošimo laikas: 10 minučių

maisto gaminimo metas: 30 minučių

Porcijos: 4

Sunkumo lygis: Vidutinis

Ingridientai:

- 1 ¾ puodelio (12,3 uncijos) ryžių
- 8,8 uncijos lašišos kepsniai
- 1 poro
- Aukščiausios kokybės pirmojo spaudimo alyvuogių aliejus pagal skonį
- 1 skiltelė česnako
- ½ stiklinės baltojo vyno
- 3 ½ šaukštai tarkuotų Grana Padano
- druskos pagal skonį
- Juodieji pipirai pagal skonį
- 500 ml (17 fl. uncijų) žuvies sultinio
- 1 puodelis sviesto

kryptys:

Pradėkite valydami lašišą ir supjaustykite ją mažais gabalėliais. Keptuvėje su visa česnako skiltele pakepinkite 1 valgomąjį šaukštą aliejaus ir patroškinkite lašišą 2/3 min., pasūdykite ir atidėkite lašišą į šalį, išimkite česnaką.

Dabar pradėkite ruošti risotto:

Porus supjaustykite labai mažais gabalėliais ir pakepinkite keptuvėje ant silpnos ugnies su dviem šaukštais aliejaus. Įmaišykite ryžius ir virkite ant vidutinės-stiprios ugnies kelias sekundes, maišydami mediniu šaukštu.

Įmaišykite baltąjį vyną ir toliau kepkite, retkarčiais pamaišydami, stengdamiesi, kad ryžiai nepriliptų prie keptuvės, palaipsniui pildami sultinį (daržovių ar žuvies).

Įpusėjus kepimui, pridėkite lašišą, sviestą ir, jei reikia, žiupsnelį druskos. Kai ryžiai gerai išvirs, nukelkite nuo ugnies. Sumaišykite su keliais šaukštais tarkuotos Grana Padano ir patiekite.

Mityba (100 g): 521 kalorija 13 g riebalų 82 g angliavandenių 19 g baltymų 839 mg natrio

Makaronai su vyšniniais pomidorais ir ančiuviais

Paruošimo laikas: 15 minučių

maisto gaminimo metas: 35 minutes

Porcijos: 4

Sunkumo lygis: Lengvas

Ingridientai:

- 10,5 uncijos spagečių
- 1,3 svaro vyšninių pomidorų
- 9 uncijos ančiuvių (iš anksto išvalyti)
- 2 šaukštai kaparėlių
- 1 skiltelė česnako
- 1 mažas raudonasis svogūnas
- petražolės pagal skonį
- Aukščiausios kokybės pirmojo spaudimo alyvuogių aliejus pagal skonį
- stalo druskos pagal skonį
- Juodieji pipirai pagal skonį
- Juodosios alyvuogės pagal skonį

kryptys:

Česnako skilteles supjaustykite ir supjaustykite plonais griežinėliais.

Vyšninius pomidorus supjaustykite į 2 dalis. Svogūną nulupkite ir supjaustykite plonais griežinėliais.

Į puodą su pjaustytu česnaku ir svogūnais įpilkite šiek tiek aliejaus. Viską pakaitinkite ant vidutinės ugnies 5 minutes; retkarčiais pamaišykite.

Kai viskas gerai pagardins, suberkite vyšninius pomidorus ir žiupsnelį druskos bei pipirų. Virinama 15 minučių. Tuo tarpu ant viryklės uždėkite puodą vandens ir, kai tik užvirs, įberkite druskos ir makaronų.

Kai padažas bus beveik paruoštas, įmaišykite ančiuvius ir virkite keletą minučių. Švelniai išmaišykite.

Išjunkite ugnį, susmulkinkite petražoles ir suberkite į keptuvę.

Išvirę makaronus nusausinkite ir įmaišykite tiesiai į padažą. Vėl įjunkite šilumą kelioms sekundėms.

Mityba (100 g): 446 kalorijos 10 g riebalų 66,1 g angliavandenių 22,8 g baltymų 934 mg natrio

Brokoliai ir dešra orecchiette

Paruošimo laikas: 10 minučių

maisto gaminimo metas: 32 minutes

Porcijos: 4

Sunkumo lygis: Vidutinis

Ingridientai:

- 11,5 uncijos orecchiette
- 10,5 brokolių
- 10,5 uncijos dešros
- 40 ml (1,35 fl. uncijos) baltojo vyno
- 1 skiltelė česnako
- 2 šakelės čiobrelių
- 7 arbatiniai šaukšteliai aukščiausios kokybės pirmojo spaudimo alyvuogių aliejaus
- Juodieji pipirai pagal skonį
- stalo druskos pagal skonį

kryptys:

Užvirinkite puodą su vandeniu ir druska. Nuimkite brokolių žiedynus nuo kotelių ir perpjaukite per pusę arba 4 dalis, jei jie per dideli; Tada supilkite į verdantį vandenį ir uždenkite puodą ir virkite 6-7 minutes.

Tuo tarpu smulkiai supjaustykite čiobrelius ir atidėkite. Ištraukite iš dešros apvalkalą ir švelniai sutrinkite šakute.

Česnako skiltelę pakepinkite su trupučiu alyvuogių aliejaus ir sudėkite dešrą. Po kelių sekundžių įpilkite čiobrelių ir šiek tiek baltojo vyno.

Nepildami virimo vandens, kiaurasamčiu išimkite virtus brokolius ir palaipsniui suberkite į mėsą. Viską kepkite 3-4 minutes. Išimkite česnaką ir įberkite žiupsnelį juodųjų pipirų.

Vandenį, kuriame virėte brokolius, užvirinkite, tada įmeskite makaronus ir leiskite virti. Kai makaronai išvirs, nukoškite kiaurasamčiu ir supilkite tiesiai į brokolių dešros padažą. Tada gerai išmaišykite, įberkite juodųjų pipirų ir viską pakepinkite keptuvėje kelias minutes.

Mityba (100 g): 683 kalorijos 36 g riebalų 69,6 g angliavandenių 20 g baltymų 733 mg natrio

Risotto su radicchio ir rūkyta šonine

Paruošimo laikas: 10 minučių

maisto gaminimo metas: 30 minučių

Porcijos: 3

Sunkumo lygis: Vidutinis

Ingridientai:

- 1 ½ puodelio ryžių
- 14oz radicchio
- 5,3 uncijos rūkytos šoninės
- 34 fl. oz (1 l) daržovių sultinio
- 3,4 uncijos (100 ml) raudonojo vyno
- 7 arbatiniai šaukšteliai aukščiausios kokybės pirmojo spaudimo alyvuogių aliejaus
- 1,7 uncijos askaloniniai česnakai
- stalo druskos pagal skonį
- Juodieji pipirai pagal skonį
- 3 šakelės čiobrelių

kryptys:

Pradėkime nuo daržovių sultinio paruošimo.

Pradėkite nuo radicchio: perpjaukite per pusę ir nuimkite vidurinę dalį (baltą). Supjaustykite juostelėmis, gerai nuplaukite ir atidėkite. Taip pat mažomis juostelėmis supjaustykite rūkytą šoninę.

Smulkiai supjaustykite askaloninius česnakus ir sudėkite į keptuvę su trupučiu aliejaus. Leiskite troškintis ant vidutinės-stiprios ugnies, įpilkite šlakelį sultinio, tada suberkite šoninę ir leiskite apskrusti.

Po maždaug 2 minučių suberkite ryžius ir paskrudinkite, dažnai maišydami. Šiuo metu ant stiprios ugnies supilkite raudonąjį vyną.

Kai visas alkoholis išgaruos, toliau virkite, po kaušelį įpildami sultinio. Prieš įdėdami kitą, leiskite ankstesniam išdžiūti, kol jis visiškai iškeps. Įberkite druskos ir juodųjų pipirų (priklauso nuo to, kiek norite dėti).

Pasibaigus kepimo laikui įdėkite radicchio juosteles. Gerai išmaišykite, kol susimaišys su ryžiais, bet nevirkite. Suberkite susmulkintus čiobrelius.

Mityba (100 g): 482 kalorijos 17,5 g riebalų 68,1 g angliavandenių 13 g baltymų 725 mg natrio

Genovese makaronai

Paruošimo laikas: 10 minučių

maisto gaminimo metas: 25 minutes

Porcijos: 3

Sunkumo lygis: Vidutinis

Ingridientai:

- 11,5 uncijos ziti
- 1 svaras jautienos
- 2,2 svaro auksinių svogūnų
- 2 uncijos salierai
- 2 uncijos morkų
- 1 krūva petražolių
- 100 ml (3,4 uncijos) baltojo vyno
- Aukščiausios kokybės pirmojo spaudimo alyvuogių aliejus pagal skonį
- stalo druskos pagal skonį
- Juodieji pipirai pagal skonį
- Parmezano pagal skonį

kryptys:

Norėdami paruošti makaronus, pradėkite nuo:

Svogūnus ir morkas nulupkite ir smulkiai supjaustykite. Tada salierą nuplaukite ir smulkiai supjaustykite (neišmeskite lapų, kuriuos taip pat reikia susmulkinti ir atidėti). Tada pereikite prie mėsos, nuvalykite nuo riebalų pertekliaus ir supjaustykite į 5/6 didelių gabalėlių. Galiausiai virtuviniu špagatu suriškite salierų lapus ir petražolių šakelę į kvapnų ryšulėlį.

Į didelę keptuvę supilkite daug aliejaus. Sudėkite svogūnus, salierus ir morkas (kurias atidėjote anksčiau) ir leiskite virti keletą minučių.

Tada sudėkite mėsos gabalėlius, žiupsnelį druskos ir kvapnų ryšulėlį. Išmaišykite ir virkite kelias minutes. Tada sumažinkite ugnį ir uždenkite dangčiu.

Virkite mažiausiai 3 valandas (nepilkite vandens ar sultinio, nes svogūnai išskirs visą reikalingą skystį, kad neišdžiūtų keptuvės dugnas). Patikrinkite ir retkarčiais pamaišykite.

Po 3 valandų kepimo išimkite žolelių kekę, šiek tiek padidinkite ugnį, įpilkite šiek tiek vyno ir išmaišykite.

Kepkite mėsą neuždengtą maždaug valandą, dažnai maišydami ir pildami vyną, kai keptuvės dugnas išdžius.

Šiuo metu paimkite mėsos gabalėlį, supjaustykite jį ant pjaustymo lentos ir atidėkite. Ziti susmulkinkite ir išvirkite verdančiame pasūdytame vandenyje.

Išvirus nukoškite ir grąžinkite į puodą. Supilkite kelis šaukštus virimo vandens ir išmaišykite. Įdėkite į lėkštę ir įpilkite padažo bei sutrupintos mėsos (tą, kuri buvo atidėta 7 veiksme). Pagal skonį įberkite pipirų ir tarkuoto parmezano.

Mityba (100 g): 450 kalorijų 8 g riebalų 80 g angliavandenių 14,5 g baltymų 816 mg natrio

Žiedinių kopūstų makaronai iš Neapolio

Paruošimo laikas: 15 minučių
maisto gaminimo metas: 35 minutes
Porcijos: 3
Sunkumo lygis: Vidutinis

Ingridientai:

- 10,5 uncijos makaronų
- 1 žiedinis kopūstas
- 100 ml (3,4 uncijos) pomidorų tyrės
- 1 skiltelė česnako
- 1 čili pipiras
- 3 šaukštai aukščiausios kokybės pirmojo spaudimo alyvuogių aliejaus (arba arbatiniai šaukšteliai)
- druskos pagal skonį
- pipirų pagal skonį

kryptys:

Žiedinį kopūstą gerai išvalykite: pašalinkite išorinius lapus ir stiebą. Supjaustykite jį mažais žiedynais.

Nulupkite ir susmulkinkite česnako skiltelę ir pakepinkite puode su aliejumi ir čili pipirais.

Sudėkite pomidorų tyrę ir žiedinių kopūstų žiedynus ir keletą minučių leiskite paruduoti ant vidutinės-stiprios ugnies, tada užpilkite keliais kaušais vandens ir virkite 15-20 minučių arba bent kol žiedinis kopūstas taps kreminis.

Jei keptuvės dugnas yra per sausas, įpilkite tiek vandens, kiek reikia, kad mišinys liktų skystas.

Šiuo metu žiedinius kopūstus užpilkite karštu vandeniu ir, kai tik užvirs, sudėkite makaronus.

Pagardinkite druska ir pipirais.

Mityba (100 g): 458 kalorijos 18 g riebalų 65 g angliavandeniai 9 g baltymai 746 mg natrio

Makaronai e Fagioli su apelsinu ir pankoliu

Paruošimo laikas: 10 minučių
maisto gaminimo metas: 30 minučių
Porcijos: 5
Sunkumo lygis: Sunkumas

Ingridientai:

- Ypač tyras alyvuogių aliejus - 1 valgomasis šaukštas. plius papildomai už patiekimą
- Pancetta - 2 uncijos, smulkiai pjaustyta
- Svogūnai - 1, smulkiai pjaustyti
- Pankolis - 1 svogūnas, išmesti stiebai, svogūnas perpjautas per pusę, išskobtas ir smulkiai pjaustytas
- Salierai – 1 šonkaulis, susmulkintas
- Česnakai – 2 skiltelės, susmulkintos
- Ančiuvių filė – 3, nuplauti ir susmulkinti
- Smulkintas šviežias raudonėlis - 1 valgomasis šaukštas.
- Nutarkuota apelsino žievelė - 2 šaukšteliai.
- Pankolių sėklos - ½ šaukštelio.
- Raudonųjų pipirų dribsniai - ¼ šaukštelio.
- Kubeliais supjaustyti pomidorai - 1 (28 uncijos) skardinė
- Parmezano sūris - 1 plutelė, dar daugiau patiekimui
- Cannellini pupelės – 1 (7 uncijos) skardinė, nuplaunama
- Vištienos sultinys - 2 ½ puodeliai

- Vanduo - 2 ½ stiklinės
- druskos ir pipirų
- Orzo - 1 puodelis
- Susmulkintos šviežios petražolės - ¼ puodelio

kryptys:

Įkaitinkite aliejų olandiškoje orkaitėje ant vidutinės ugnies. Pridėti šoninės. Kepkite 3–5 minutes arba kol tik pradės ruduoti. Įmaišykite salierą, pankolį ir svogūną ir pakepinkite, kol suminkštės (apie 5–7 minutes).

Įmaišykite pipirų dribsnius, pankolio sėklas, apelsino žievelę, raudonėlį, ančiuvius ir česnaką. Virinama 1 minutę. Įmaišykite pomidorus ir jų sultis. Įmaišykite parmezano žievelę ir pupeles.

Užvirinkite ir virkite 10 minučių. Įmaišykite vandenį, sultinį ir 1 šaukštelį. Druska. Leiskite virti ant stiprios ugnies. Įmaišykite makaronus ir virkite al dente.

Nukelkite nuo ugnies ir išmeskite parmezano žievelę.

Suberkite petražoles ir pagardinkite druska bei pipirais. Supilkite šiek tiek alyvuogių aliejaus ir pabarstykite tarkuotu parmezanu. Tarnauti.

Mityba (100 g): 502 kalorijos 8,8 g riebalų 72,2 g angliavandenių 34,9 g baltymų 693 mg natrio

Spagečiai al Limone

Paruošimo laikas: 10 minučių
maisto gaminimo metas: 15 minučių
Porcijos: 6
Sunkumo lygis: Lengvas

Ingridientai:

- Ypač tyras alyvuogių aliejus - ½ puodelio
- tarkuotos citrinos žievelės - 2 šaukšteliai.
- Citrinų sultys - 1/3 puodelio
- Česnakas - 1 skiltelė, susmulkinta į pyragą
- druskos ir pipirų
- Parmezano sūris - 2 uncijos, tarkuotas
- Spagečiai - 1 svaras
- Susmulkintas šviežias bazilikas - 6 v.š.

kryptys:

Dubenyje česnako, aliejaus, citrinos žievelės, sulčių, ½ šaukštelio. druskos ir ¼ šaukštelio. Pipirai. Įmaišykite parmezaną ir maišykite iki kreminės masės.

Tuo tarpu išvirkite makaronus pagal pakuotės nurodymus. Nusausinkite ir pasilikite ½ puodelio virimo vandens. Į makaronus supilkite aliejaus mišinį ir baziliką ir išmaišykite. Gerai pagardinkite ir, jei reikia, įmaišykite virimo vandens. Tarnauti.

Mityba (100 g): 398 kalorijos 20,7 g riebalų 42,5 g angliavandenių 11,9 g baltymų 844 mg natrio

Pagardintas daržovių kuskusas

Paruošimo laikas: 10 minučių
maisto gaminimo metas: 20 minučių
Porcijos: 6
Sunkumas: sunkus D

Ingridientai:

- Žiediniai kopūstai - 1 galvutė, supjaustyta 1 colio žiedeliais
- Ypač tyras alyvuogių aliejus - 6 šaukštai. plius papildomai už patiekimą
- druskos ir pipirų
- Kuskusas - 1 ½ puodelio
- Cukinija – 1, supjaustyta ½ colio gabalėliais
- Raudonieji pipirai – 1, išsėti, išsėti ir supjaustyti ½ colio gabalėliais
- Česnakai – 4 skiltelės, susmulkintos
- Ras el Hanout - 2 šaukšteliai.
- tarkuota citrinos žievelė - 1 šaukštelis. plius citrinos skilteles patiekimui
- Vištienos sultinys - 1 ¾ puodeliai
- Smulkintas šviežias mairūnas – 1 valgomasis šaukštas.

kryptys:

Keptuvėje įkaitinkite 2 valg. aliejaus ant vidutinės ugnies. Pridėti žiedinių kopūstų, ¾ šaukštelio. druskos ir ½ šaukštelio. Pipirai. Sumaišykite. Kepkite, kol žiedynai paruduos, o kraštai taps tik permatomi.

Nuimkite dangtį ir maišydami kepkite 10 minučių arba tol, kol žiedynai taps auksinės rudos spalvos. Supilkite į dubenį ir išvalykite keptuvę. Įkaitinkite 2 valg. aliejaus keptuvėje.

Pridėti kuskuso. Virkite ir toliau maišykite 3–5 minutes arba tol, kol grūdai tik pradės ruduoti. Supilkite į dubenį ir išvalykite keptuvę. Įkaitinkite likusius 3 valg. Keptuvę sutepkite aliejumi ir suberkite paprikas, cukinijas ir ½ šaukštelio. Druska. Virinama 8 minutes.

Įmaišykite citrinos žievelę, ras el hanout ir česnaką. Virkite iki kvapo (apie 30 sekundžių). Supilkite į sultinį ir leiskite užvirti. Įmaišykite kuskusą. Nukelkite nuo ugnies ir atidėkite, kol suminkštės.

pridėti mairūnų ir žiedinių kopūstų; Tada švelniai suplakite šakute, kad įmaišytumėte. Apšlakstykite papildomai aliejumi ir gerai pagardinkite. Patiekite su citrinos griežinėliais.

Mityba (100 g): 787 kalorijos 18,3 g riebalų 129,6 g angliavandenių 24,5 g baltymų 699 mg natrio

Pagardinti kepti ryžiai su pankoliu

Paruošimo laikas: 10 minučių
maisto gaminimo metas: 45 minutes
Porcijos: 8
Sunkumo lygis: Vidutinis

Ingridientai:

- Saldžiosios bulvės - 1,5 svaro, nuluptos ir supjaustytos 1 colio gabalėliais
- Ypač tyras alyvuogių aliejus - ¼ puodelio
- druskos ir pipirų
- Pankolis – 1 svogūnėlis, smulkiai pjaustytas
- Mažas svogūnas - 1, smulkiai pjaustytas
- Ilgagrūdžiai baltieji ryžiai - 1 ½ puodelio, nuplauti
- Česnakai – 4 skiltelės, susmulkintos
- Ras el Hanout - 2 šaukšteliai.
- Vištienos sultinys - 2 ¾ puodeliai
- Didelės sūryme brandintos žalios alyvuogės be kauliukų - ¾ puodelio, perpjautos per pusę
- Smulkinta šviežia kalendra - 2 šaukštai.
- kalkių pleištai

kryptys:

Įdėkite orkaitės lentyną į centrą ir įkaitinkite orkaitę iki 400 F. Sumaišykite bulves su ½ šaukštelio. druskos ir 2 v.š. Alyva.

Sudėkite bulves vienu sluoksniu ant kepimo skardos ir kepkite 25–30 minučių arba kol suminkštės. Įpusėjus kepti bulves išmaišykite.

Ištraukite bulves ir sumažinkite orkaitės temperatūrą iki 350 F. Olandiškoje orkaitėje įkaitinkite likusius 2 valg. aliejaus ant vidutinės ugnies.

Sudėkite svogūną ir pankolį; Tada virkite 5–7 minutes arba kol suminkštės. Įmaišykite ras el hanout, česnaką ir ryžius. Kepkite 3 minutes.

Įmaišykite alyvuoges ir sultinį ir palikite 10 minučių. Sudėkite bulves į ryžius ir švelniai suplakite šakute. Pagardinkite druska ir pipirais. Papuoškite kalendromis ir patiekite su laimo griežinėliais.

Mityba (100 g): 207 kalorijos 8,9 g riebalų 29,4 g angliavandenių 3,9 g baltymų 711 mg natrio

Marokietiško stiliaus kuskusas su avinžirniais

Paruošimo laikas: 5 minutės
maisto gaminimo metas: 18 minučių
Porcijos: 6
Sunkumo lygis: Vidutinis

Ingridientai:

- Ypač tyras alyvuogių aliejus - ¼ puodelio, papildomai patiekiant
- Kuskusas - 1 ½ puodelio
- Nuluptos ir pjaustytos smulkios morkos - 2
- Smulkiai pjaustytas svogūnas - 1
- druskos ir pipirų
- Česnakai – 3 skiltelės, susmulkintos
- Maltos kalendros - 1 šaukštelis.
- Maltas imbieras - šaukštelis.
- Malti anyžiai - ¼ šaukštelio.
- Vištienos sultinys - 1 ¾ puodeliai
- Avinžirniai - 1 skardinė (15 uncijų), nuplauti
- Šaldyti žirniai - 1 ½ puodelio
- Susmulkintos šviežios petražolės arba kalendra - ½ puodelio
- citrinos griežinėliai

kryptys:

Įkaitinkite 2 valg. aliejaus keptuvėje ant vidutinės ugnies. Sumaišykite kuskusą ir virkite 3–5 minutes arba kol tik pradės ruduoti. Supilkite į dubenį ir išvalykite keptuvę.

Pakaitinkite likusius 2 valg. Keptuvę sutepkite aliejumi ir sudėkite svogūną, morkas ir 1 šaukštelį. Druska. Virkite 5–7 minutes. Įmaišykite anyžius, imbierą, kalendrą ir česnaką. Virkite iki kvapo (apie 30 sekundžių).

Sumaišykite avinžirnius ir sultinį ir užvirinkite. Įmaišykite kuskusą ir žirnelius. Uždenkite ir nuimkite nuo viryklės. Atidėkite, kol kuskusas suminkštės.

Į kuskusą suberkite petražoles ir išmaišykite šakute. Sutepkite papildomu aliejumi ir gerai pagardinkite. Patiekite su citrinos griežinėliais.

Mityba (100 g): 649 kalorijos 14,2 g riebalų 102,8 g angliavandenių 30,1 g baltymų 812 mg natrio

Vegetariška paelija su šparaginėmis pupelėmis ir avinžirniais

Paruošimo laikas: 10 minučių
maisto gaminimo metas: 35 minutes
Porcijos: 4
Sunkumo lygis: Lengvas

Ingridientai:

- Žiupsnelis šafrano
- Daržovių sultinys - 3 stiklinės
- Alyvuogių aliejus - 1 valgomasis šaukštas.
- Geltonasis svogūnas - 1 didelis, supjaustytas kubeliais
- Česnakai - 4 skiltelės, supjaustytos
- Raudonieji pipirai - 1, supjaustyti kubeliais
- Pjaustyti pomidorai - ¾ puodelio, švieži arba konservuoti
- Pomidorų pasta - 2 šaukštai.
- Aitriosios paprikos - 1 ½ šaukštelio.
- Druska - 1 šaukštelis.
- Šviežiai malti juodieji pipirai - ½ šaukštelio.
- Žaliosios pupelės - 1 ½ puodelio, apipjaustytos ir perpjautos per pusę
- Avinžirniai – 1 (15 uncijų) skardinė, nusausinti ir nuplauti
- Baltieji trumpagrūdžiai ryžiai - 1 puodelis
- Citrina - 1, supjaustyta griežinėliais

kryptys:

Šafrano siūlus sumaišykite su 3 valg. šilto vandens mažame dubenyje. Puode ant vidutinės ugnies užvirinkite vandenį. Sumažinkite ugnį ir leiskite užvirti.

Keptuvėje ant vidutinės ugnies pakepinkite aliejų. Sumaišykite svogūną ir pakepinkite 5 minutes. Sudėkite pipirus ir česnaką ir patroškinkite 7 minutes arba kol pipirai suminkštės. Įmaišykite šafrano ir vandens mišinį, druską, pipirus, papriką, pomidorų pastą ir pomidorus.

Sudėkite ryžius, avinžirnius ir šparagines pupeles. Įmaišykite šiltą sultinį ir užvirinkite. Sumažinkite ugnį ir troškinkite neuždengę 20 minučių.

Patiekite karštą, papuoštą citrinos griežinėliais.

Mityba (100 g): 709 kalorijos 12 g riebalų 121 g angliavandenių 33 g baltymų 633 mg natrio

Česnakinės krevetės su pomidorais ir baziliku

Paruošimo laikas: 10 minučių
maisto gaminimo metas: 10 min
Porcijos: 4
Sunkumo lygis: Lengvas

Ingridientai:

- Alyvuogių aliejus - 2 šaukštai.
- Krevetės - 1¼ svaro, nuluptos ir nuskustos
- Česnakai – 3 skiltelės, susmulkintos
- Smulkintų raudonųjų pipirų dribsniai - 1/8 šaukštelio.
- Sausas baltasis vynas - ¾ puodelio
- Vynuoginiai pomidorai - 1 ½ puodelio
- Smulkiai pjaustytas šviežias bazilikas - ¼ puodelio, dar daugiau papuošimui
- Druska - ¾ šaukštelio.
- malti juodieji pipirai - ½ šaukštelio.

kryptys:

Keptuvėje ant vidutinės ugnies įkaitinkite aliejų. Sudėkite krevetes ir virkite 1 minutę arba kol iškeps. Perkelkite į lėkštę.

Į keptuvėje esantį aliejų suberkite raudonųjų pipirų dribsnius ir česnaką ir maišydami kepkite 30 sekundžių. Įmaišykite vyną ir virkite, kol sumažės maždaug perpus.

Sudėkite pomidorus ir maišydami kepkite, kol pomidorai pradės skilti (apie 3–4 minutes). Įmaišykite rezervuotas krevetes, druską, pipirus ir baziliką. Virkite dar 1–2 minutes.

Patiekite papuošę likusiu baziliku.

Mityba (100 g): 282 kalorijos 10 g riebalų 7 g angliavandenių 33 g baltymų 593 mg natrio

Krevetės Paella

Paruošimo laikas: 10 minučių

maisto gaminimo metas: 25 minutes

Porcijos: 4

Sunkumo lygis: Vidutinis

Ingridientai:

- Alyvuogių aliejus - 2 šaukštai.
- Vidutinis svogūnas - 1, supjaustytas kubeliais
- Raudonieji pipirai - 1, supjaustyti kubeliais
- Česnakai – 3 skiltelės, susmulkintos
- Žiupsnelis šafrano
- Aitriosios paprikos - ¼ šaukštelio.
- Druska - 1 šaukštelis.
- Šviežiai malti juodieji pipirai - ½ šaukštelio.
- Vištienos sultinys - 3 puodeliai, padalinti
- Baltieji trumpagrūdžiai ryžiai - 1 puodelis
- Nuluptos ir išpjaustytos didelės krevetės - 1 svaras
- Šaldyti žirniai - 1 puodelis, atšildyti

kryptys:

Keptuvėje įkaitinkite alyvuogių aliejų. Įmaišykite svogūną ir paprikas ir pakepinkite 6 minutes, kol suminkštės. Suberkite druską, pipirus, papriką, šafraną, česnaką ir išmaišykite. Įmaišykite 2 ½ puodelio sultinio ir ryžių.

Mišinį užvirinkite, tada virkite, kol ryžiai išvirs, maždaug 12 minučių. Ant ryžių uždėkite krevetes ir žirnius ir supilkite likusį ½ puodelio sultinio.

Keptuvę vėl uždėkite dangčiu ir kepkite, kol visos krevetės iškeps (apie 5 minutes). Tarnauti.

Mityba (100 g): 409 kalorijos 10 g riebalų 51 g angliavandenių 25 g baltymų 693 mg natrio

Lęšių salotos su alyvuogėmis, mėtomis ir feta

Paruošimo laikas: 60 minučių
maisto gaminimo metas: 60 minučių
Porcijos: 6
Sunkumo lygis: Vidutinis

Ingridientai:

- druskos ir pipirų
- Prancūziški lęšiai - 1 puodelis, nuskinti ir nuplauti
- Česnakai - 5 skiltelės, lengvai susmulkintos ir nuluptos
- lauro lapas - 1
- Ypač tyras alyvuogių aliejus - 5 šaukštai.
- Baltasis actas - 3 šaukštai.
- Kalamata alyvuogės be kauliukų - ½ puodelio, susmulkintos
- Kapotos šviežios mėtų - ½ puodelio
- Askaloniniai česnakai – 1 didelė, susmulkinta
- Fetos sūris - 1 uncija, susmulkintas

kryptys:

Įpilkite 4 puodelius šilto vandens ir 1 šaukštelį. druskos dubenyje. Suberkite lęšius ir palaikykite kambario temperatūroje 1 valandą. Gerai nusausinkite.

Įdėkite orkaitės lentyną į centrą ir įkaitinkite orkaitę iki 325 F. Sumaišykite lęšius, 4 puodelius vandens, česnaką, lauro lapą ir ½ šaukštelio. druskos puode. Uždenkite puodą ir padėkite ant viryklės ir virkite 40–60 minučių arba kol lęšiai suminkštės.

Lęšius gerai nusausinkite, česnaką ir lauro lapą išmeskite. Dideliame dubenyje suplakite aliejų ir actą. Sudėkite askaloninius česnakus, mėtas, alyvuoges ir lęšius ir išmaišykite.

Pagardinkite druska ir pipirais. Gražiai išdėliokite serviravimo dubenyje ir papuoškite feta. Tarnauti.

Mityba (100 g): 249 kalorijos 14,3 g riebalų 22,1 g angliavandenių 9,5 g baltymų 885 mg natrio

Avinžirniai su česnaku ir petražolėmis

Paruošimo laikas: 5 minutės

maisto gaminimo metas: 20 minučių

Porcijos: 6

Sunkumo lygis: Vidutinis

Ingridientai:

- Ypač tyras alyvuogių aliejus - ¼ puodelio
- Česnakai - 4 gvazdikėliai, plonais griežinėliais
- Raudonųjų pipirų dribsniai - 1/8 šaukštelio.
- Svogūnai - 1, susmulkinti
- druskos ir pipirų
- Avinžirniai - 2 (15 uncijų) skardinės, nuplauti
- Vištienos sultinys - 1 puodelis
- Smulkintos šviežios petražolės - 2 šaukštai.
- Citrinų sultys - 2 šaukšteliai.

kryptys:

Į keptuvę įpilkite 3 valg. Sutepkite aliejumi ir kepkite česnako ir pipirų dribsnius 3 minutes. Įmaišykite svogūną ir ¼ šaukštelio. pasūdykite ir virkite 5–7 minutes.

Sumaišykite avinžirnius ir sultinį ir užvirinkite. Sumažinkite ugnį ir troškinkite uždengę ant mažos ugnies 7 minutes.

Uždenkite dangtį ir padėkite ant stiprios ugnies ir virkite 3 minutes arba kol visas skystis išgaruos. Atidėkite į šalį ir apšlakstykite citrinos sultimis ir petražolėmis.

Pagardinkite druska ir pipirais. Pabarstykite 1 valg. aliejaus ir patiekite.

Mityba (100 g): 611 kalorijų 17,6 g riebalų 89,5 g angliavandenių 28,7 g baltymų 789 mg natrio

Troškinti avinžirniai su baklažanais ir pomidorais

Paruošimo laikas: 10 minučių
maisto gaminimo metas: 60 minučių
Porcijos: 6
Sunkumo lygis: Lengvas

Ingridientai:

- Ypač tyras alyvuogių aliejus - ¼ puodelio
- Svogūnai - 2, pjaustyti
- Žalioji paprika - 1, smulkiai pjaustyta
- druskos ir pipirų
- Česnakai – 3 skiltelės, susmulkintos
- Smulkintas šviežias raudonėlis - 1 valgomasis šaukštas.
- Lauro lapai - 2
- Baklažanai - 1 svaras, supjaustyti 1 colio gabalėliais
- Visiškai nulupti pomidorai – 1 skardinė, nusausinti rezervuotomis sultimis, susmulkinti
- Avinžirniai - 2 (15 uncijų) skardinės, nusausintos su 1 puodeliu skysčio

kryptys:

Padėkite orkaitės lentyną ant apatinės vidurinės dalies ir įkaitinkite orkaitę iki 400 F. Įkaitinkite aliejų olandiškoje orkaitėje. Sudėkite paprikas, svogūnus, ½ šaukštelio. druskos ir ¼ šaukštelio. Pipirai. Kepkite 5 minutes.

Įmaišykite 1 arb. Raudonėlį, česnaką ir lauro lapus kepkite 30 sekundžių. Įmaišykite pomidorus, baklažanus, rezervuotas sultis, avinžirnius ir rezervuotą skystį ir užvirinkite. Įdėkite puodą į orkaitę ir kepkite neuždengtą 45–60 minučių. Išmaišykite du kartus.

Išmeskite lauro lapus. Įmaišykite likusius 2 šaukštelius. Pagardinkite raudonėliais ir druska bei pipirais. Tarnauti.

Mityba (100 g): 642 kalorijos 17,3 g riebalų 93,8 g angliavandenių 29,3 g baltymų 983 mg natrio

Graikiški citrininiai ryžiai

Paruošimo laikas: 20 minučių

maisto gaminimo metas: 45 minutes

Porcijos: 6

Sunkumo lygis: Vidutinis

Ingridientai:

- Ilgagrūdžiai ryžiai – 2 puodeliai, nevirti (20 minučių pamirkyti šaltame vandenyje, paskui nusausinti)
- Ypač tyras alyvuogių aliejus - 3 šaukštai.
- Geltonasis svogūnas - 1 vidutinis, supjaustytas
- Česnakai - 1 skiltelė, susmulkinta
- Orzo makaronai - ½ puodelio
- 2 citrinų sultys ir 1 citrinos žievelė
- Mažas natrio sultinys - 2 puodeliai
- žiupsnelis druskos
- Susmulkintos petražolės - 1 didelė sauja
- Krapų žolė - 1 šaukštelis.

kryptys:

Puode įkaitinkite 3 valg. Pirmo spaudimo alyvuogių aliejus. Sudėkite svogūnus ir pakepinkite 3–4 minutes. Sudėkite orzo makaronus ir česnaką ir išmaišykite.

Tada įmaišykite ryžius, kad apsemtų. Įpilkite sultinio ir citrinos sulčių. Užvirinkite ir sumažinkite ugnį. Uždenkite ir kepkite apie 20 minučių.

Nuimkite nuo ugnies. Uždenkite ir atidėkite 10 minučių. Atidenkite ir įmaišykite citrinos žievelę, krapų piktžoles ir petražoles. Tarnauti.

Mityba (100 g): 145 kalorijos 6,9 g riebalų 18,3 g angliavandenių 3,3 g baltymų 893 mg natrio

Česnako žolelių ryžiai

Paruošimo laikas: 10 minučių
maisto gaminimo metas: 30 minučių
Porcijos: 4
Sunkumo lygis: Lengvas

Ingridientai:

- Ypač tyras alyvuogių aliejus - ½ puodelio, padalintas
- Didelės česnako skiltelės - 5, susmulkintos
- Rudieji jazmininiai ryžiai - 2 puodeliai
- Vanduo - 4 puodeliai
- Jūros druska - 1 šaukštelis.
- Juodieji pipirai - 1 šaukštelis.
- Smulkintų šviežių česnakų – 3 v.š.
- Smulkintos šviežios petražolės - 2 šaukštai.
- Smulkintas šviežias bazilikas - 1 valgomasis šaukštas.

kryptys:

Į puodą įpilkite ¼ puodelio alyvuogių aliejaus, česnako ir ryžių. Išmaišykite ir pakaitinkite ant vidutinės ugnies. Įmaišykite vandenį, jūros druską ir juoduosius pipirus. Kitas sumaišykite dar kartą.

Užvirinkite ir sumažinkite ugnį. Troškinkite neuždengę, retkarčiais pamaišydami.

Kai vanduo beveik susigers, supilkite likusį ¼ puodelio alyvuogių aliejaus kartu su baziliku, petražolėmis ir laiškiniais česnakais.

Maišykite, kol įsimaišys žolelės ir susigers visas vanduo.

Mityba (100 g): 304 kalorijos 25,8 g riebalų 19,3 g angliavandenių 2 g baltymų 874 mg natrio

Viduržemio jūros ryžių salotos

Paruošimo laikas: 10 minučių
maisto gaminimo metas: 25 minutes
Porcijos: 4
Sunkumo lygis: Vidutinis

Ingridientai:

- Ypač tyras alyvuogių aliejus - ½ puodelio, padalintas
- Ilgagrūdžiai rudieji ryžiai - 1 puodelis
- Vanduo - 2 puodeliai
- Šviežios citrinos sultys - ¼ puodelio
- Česnako skiltelė – 1, susmulkinta
- Smulkintas šviežias rozmarinas - 1 šaukštelis.
- Smulkintos šviežios mėtų - 1 šaukštelis.
- Belginės endyvos - 3, susmulkintos
- Raudonosios paprikos - 1 vidutinė, susmulkinta
- Šiltnamio agurkas - 1, pjaustytas
- Susmulkintas visas pavasarinis svogūnas - ½ puodelio
- Susmulkintos Kalamata alyvuogės - ½ puodelio
- Raudonųjų pipirų dribsniai - ¼ šaukštelio.
- Susmulkintas Fetos sūris - ¾ puodelio
- jūros druskos ir juodųjų pipirų

kryptys:

Puode ant silpnos ugnies įkaitinkite ¼ puodelio alyvuogių aliejaus, ryžius ir žiupsnelį druskos. Išmaišykite, kad pasidengtų ryžiai. Įpilkite vandens ir virkite, kol vanduo susigers. Retkarčiais pamaišykite. Sudėkite ryžius į didelį dubenį ir atvėsinkite.

Kitame dubenyje sumaišykite likusį ¼ puodelio alyvuogių aliejaus, raudonųjų pipirų dribsnius, alyvuoges, svogūnus, agurką, paprikas, endiviją, mėtas, rozmariną, česnaką ir citrinos sultis.

Į mišinį įpilkite ryžių ir išmaišykite. Švelniai įmaišykite fetos sūrį.

Paragaukite ir pagardinkite. Tarnauti.

Mityba (100 g): 415 kalorijų 34 g riebalų 28,3 g angliavandenių 7 g baltymų 4755 mg natrio

Salotos su šviežiomis pupelėmis ir tunu

Paruošimo laikas: 5 minutės

maisto gaminimo metas: 20 minučių

Porcijos: 6

Sunkumo lygis: Lengvas

Ingridientai:

- Lukštentos (lukštentos) šviežios pupelės - 2 stiklinės
- Lauro lapai - 2
- Ypač tyras alyvuogių aliejus - 3 šaukštai.
- Raudonojo vyno actas - 1 valgomasis šaukštas.
- druskos ir juodųjų pipirų
- Aukščiausios kokybės tunas – 1 skardinė (6 uncijos) supakuota į alyvuogių aliejų
- Sūdyti kaparėliai – 1 valgomasis šaukštas. išmirkyti ir išdžiovinti
- Smulkiai pjaustytų plokščialapių petražolių – 2 v.š.
- Raudonasis svogūnas - 1, supjaustytas

kryptys:

Puode užvirinkite lengvai pasūdytą vandenį. Sudėkite pupeles ir lauro lapus; Tada virkite 15–20 minučių arba tol, kol pupelės bus minkštos, bet vis dar tvirtos. Nusausinkite, išmeskite kvapiąsias medžiagas ir sudėkite į dubenį.

Nedelsdami patiekite pupeles su actu ir aliejumi. Įberkite druskos ir juodųjų pipirų. Gerai išmaišykite ir pagardinkite. Tuną nusausinkite, o tuno mėsą supjaustykite į pupelių salotas. Sudėkite petražoles ir kaparėlius. Išmaišykite ir pabarstykite raudonųjų svogūnų griežinėliais ant viršaus. Tarnauti.

Mityba (100 g): 85 kalorijos 7,1 g riebalų 4,7 g angliavandenių 1,8 g baltymų 863 mg natrio

Skanūs vištienos makaronai

Paruošimo laikas: 10 minučių

maisto gaminimo metas: 17 minučių

Porcijos: 4

Sunkumo lygis: Lengvas

Ingridientai:

- 3 vištienos krūtinėlės be odos, be kaulų, supjaustytos gabalėliais
- 9 uncijos viso grūdo makaronų
- 1/2 puodelio alyvuogių, supjaustytų
- 1/2 puodelio saulėje džiovintų pomidorų
- 1 valgomasis šaukštas skrudintos raudonosios paprikos, susmulkintos
- 14 uncijų skardinių pomidorų, supjaustytų kubeliais
- 2 puodeliai marinara padažo
- 1 puodelis vištienos sultinio
- pipirų
- Druska

kryptys:

Sumaišykite visus ingredientus, išskyrus pilno grūdo makaronus, į "Instant Pot".

Uždenkite dangtį ir virkite aukštoje temperatūroje 12 minučių.

Kai baigsite, natūraliai atleiskite slėgį. nuimkite dangtelį.

Sudėkite makaronus ir gerai išmaišykite. Dar kartą uždarykite puodą ir pasirinkite rankiniu būdu bei nustatykite laikmatį į 5 minutes.

Baigę atleiskite slėgį 5 minutėms, o likusią dalį atleiskite naudodami greito atsegimo sagtį. nuimkite dangtelį. Gerai išmaišykite ir patiekite.

Mityba (100 g): 615 kalorijų 15,4 g riebalų 71 g angliavandenių 48 g baltymų 631 mg natrio

Skonis Taco ryžių dubuo

Paruošimo laikas: 10 minučių
maisto gaminimo metas: 14 minučių
Porcijos: 8
Sunkumo lygis: Vidutinis

Ingridientai:

- 1 svaras maltos jautienos
- 8 uncijos čederio sūrio, susmulkinto
- 14 uncijų skardinė raudonųjų pupelių
- 2 uncijos taco prieskonių
- 16 uncijų salsos
- 2 puodeliai vandens
- 2 puodeliai rudųjų ryžių
- pipirų
- Druska

kryptys:

Greitai paruošiamą puodą nustatykite į troškinimo režimą.

Mėsą sudėkite į puodą ir patroškinkite iki rudos spalvos.

Įpilkite vandens, pupelių, ryžių, taco prieskonių, pipirų, druskos ir gerai išmaišykite.

Ant viršaus uždėkite salsą. Uždarykite dangtį ir virkite aukščiausiu lygiu 14 minučių.

Kai baigsite, greitai atleiskite slėgį. nuimkite dangtelį.

Įmaišykite čederio sūrį ir maišykite, kol sūris išsilydys.

Patiekite ir mėgaukitės.

Mityba (100 g): 464 kalorijos 15,3 g riebalų 48,9 g angliavandenių 32,2 g baltymų 612 mg natrio

Skoningas mac & sūris

Paruošimo laikas: 10 minučių
maisto gaminimo metas: 10 min
Porcijos: 6
Sunkumo lygis: Lengvas

Ingridientai:

- 16 uncijų pilno grūdo alkūnių makaronai
- 4 puodeliai vandens
- 1 puodelis pomidorų, supjaustytų kubeliais
- 1 šaukštelis česnako, susmulkintas
- 2 šaukštai alyvuogių aliejaus
- 1/4 puodelio svogūnų, supjaustytų
- 1/2 puodelio parmezano sūrio, tarkuoto
- 1/2 stiklinės mocarelos, tarkuotos
- 1 puodelis čederio sūrio, tarkuoto
- 1/4 puodelio pasatos
- 1 puodelis nesaldinto migdolų pieno
- 1 puodelis marinuoto artišoko, supjaustyto kubeliais
- 1/2 puodelio saulėje džiovintų pomidorų, supjaustytų griežinėliais
- 1/2 puodelio alyvuogių, supjaustytų
- 1 šaukštelis druskos

kryptys:

Į greitąjį puodą sudėkite makaronus, vandenį, pomidorus, česnaką, aliejų ir druską ir gerai išmaišykite. Uždenkite ir kepkite aukštai.

Baigę atleiskite slėgį kelioms minutėms, o likusią dalį atleiskite greitai išleisdami. nuimkite dangtelį.

Įjunkite puodą į kepimo režimą. Suberkite svogūną, parmezaną, mocarelą, čederį, passatą, migdolų pieną, artišoką, saulėje džiovintus pomidorus ir alyvuoges. Gerai ismaisyti.

Gerai išmaišykite ir virkite, kol sūris išsilydys.

Patiekite ir mėgaukitės.

Mityba (100 g): 519 kalorijų 17,1 g riebalų 66,5 g angliavandenių 25 g baltymų 588 mg natrio

Agurkų alyvuogių ryžiai

Paruošimo laikas: 10 minučių
maisto gaminimo metas: 10 min
Porcijos: 8
Sunkumo lygis: Vidutinis

Ingridientai:

- 2 puodeliai ryžių, nuplauti
- 1/2 puodelio alyvuogių, be kauliukų
- 1 puodelis agurko, supjaustyto
- 1 valgomasis šaukštas raudonojo vyno acto
- 1 šaukštelis citrinos žievelės, tarkuotos
- 1 valgomasis šaukštas šviežių citrinų sulčių
- 2 šaukštai alyvuogių aliejaus
- 2 puodeliai daržovių sultinio
- 1/2 šaukštelio džiovinto raudonėlio
- 1 raudona paprika, susmulkinta
- 1/2 puodelio svogūno, supjaustyto
- 1 valgomasis šaukštas alyvuogių aliejaus
- pipirų
- Druska

kryptys:

Į vidinį greito puodo puodą įpilkite aliejaus ir nustatykite puodą į troškinimo režimą. Sudėkite svogūną ir pakepinkite 3 minutes. Suberkite papriką ir raudonėlį ir patroškinkite 1 minutę.

Sudėkite ryžius ir sultinį ir gerai išmaišykite. Uždarykite dangtį ir virkite ant aukštos temperatūros 6 minutes. Baigę atleiskite slėgį 10 minučių, o likusią dalį atleiskite naudodami greito atsegimo sagtį. nuimkite dangtelį.

Sudėkite likusius ingredientus ir gerai išmaišykite. Patiekite ir mėgaukitės iš karto.

Mityba (100 g): 229 kalorijos 5,1 g riebalų 40,2 g angliavandenių 4,9 g baltymų 210 mg natrio

Skonis Žolelių Risotto

Paruošimo laikas: 10 minučių
maisto gaminimo metas: 15 minučių
Porcijos: 4
Sunkumo lygis: Vidutinis

Ingridientai:

- 2 puodeliai ryžių
- 2 šaukštai parmezano sūrio, tarkuoto
- 3,5 uncijos riebios grietinėlės
- 1 valgomasis šaukštas šviežio raudonėlio, susmulkinto
- 1 valgomasis šaukštas šviežio baziliko, susmulkinto
- 1/2 šaukštelio šalavijų, susmulkintų
- 1 svogūnas, susmulkintas
- 2 šaukštai alyvuogių aliejaus
- 1 šaukštelis česnako, susmulkintas
- 4 puodeliai daržovių sultinio
- pipirų
- Druska

kryptys:

Į vidinį greito paruošimo puodo indelį įpilkite aliejaus ir spustelėkite puodą, kad įjungtumėte kepimo režimą. Į vidinę greito paruošimo puodo keptuvę suberkite česnaką ir svogūnus ir paspauskite puodą į troškinimo režimą. Sudėkite česnaką ir svogūną ir pakepinkite 2-3 minutes.

Sudėkite likusius ingredientus, išskyrus parmezaną ir grietinėlę, ir gerai išmaišykite. Uždarykite dangtį ir virkite aukščiausiu lygiu 12 minučių.

Kai baigsite, atleiskite slėgį 10 minučių, tada atleiskite likusią dalį greito atleidimo mygtuku. nuimkite dangtelį. Įmaišykite grietinėlę ir sūrį ir patiekite.

Mityba (100 g): 514 kalorijų 17,6 g riebalų 79,4 g angliavandenių 8,8 g baltymų 488 mg natrio

Skanūs makaronai Primavera

Paruošimo laikas: 10 minučių

maisto gaminimo metas: 4 minutes

Porcijos: 4

Sunkumo lygis: Lengvas

Ingridientai:

- 8 uncijos pilno grūdo penne makaronų
- 1 valgomasis šaukštas šviežių citrinų sulčių
- 2 šaukštai šviežių petražolių, kapotų
- 1/4 puodelio maltų migdolų
- 1/4 puodelio parmezano sūrio, tarkuoto
- 14 uncijų skardinių pomidorų, supjaustytų kubeliais
- 1/2 stiklinės slyvų
- 1/2 puodelio cukinijos, supjaustytos
- 1/2 puodelio šparagų
- 1/2 stiklinės morkų, pjaustytų
- 1/2 stiklinės brokolių, susmulkintų
- 1 3/4 stiklinės daržovių sultinio
- pipirų
- Druska

kryptys:

Į greitąjį puodą įpilkite sultinio, paros, pomidorų, džiovintų slyvų, cukinijų, šparagų, morkų ir brokolių ir gerai išmaišykite. Uždarykite ir virkite ant aukštos temperatūros 4 minutes. Kai baigsite, greitai atleiskite slėgį. nuimkite dangtelį. Likusius ingredientus gerai išmaišykite ir patiekite.

Mityba (100 g): 303 kalorijos 2,6 g riebalų 63,5 g angliavandenių 12,8 g baltymų 918 mg natrio

Makaronai su keptomis paprikomis

Paruošimo laikas: 10 minučių
maisto gaminimo metas: 13 minučių
Porcijos: 6
Sunkumo lygis: Vidutinis

Ingridientai:

- 1 svaras pilno grūdo penne makaronų
- 1 valgomasis šaukštas itališkų prieskonių
- 4 puodeliai daržovių sultinio
- 1 valgomasis šaukštas česnako, susmulkinto
- 1/2 svogūno, supjaustyto
- 14 uncijų stiklainis skrudintų raudonųjų paprikų
- 1 puodelis fetos sūrio, sutrupintas
- 1 valgomasis šaukštas alyvuogių aliejaus
- pipirų
- Druska

kryptys:

Pakepintus pipirus sudėkite į trintuvą ir sutrinkite iki vientisos masės. Į vidinį greito paruošimo puodo puodą įpilkite aliejaus ir nustatykite ąsotį į troškinimo režimą. Į vidinį greitojo puodo puodelį įpilkite česnako ir svogūnų ir nustatykite puodą, kad pakeptų. Sudėkite česnaką ir svogūną ir pakepinkite 2-3 minutes.

Suberkite sumaišytus skrudintus pipirus ir patroškinkite 2 minutes.

Sudėkite likusius ingredientus, išskyrus fetos sūrį, ir gerai išmaišykite. Sandariai uždarykite ir virkite ant aukštos temperatūros 8 minutes. Baigę 5 minutes natūraliai atleiskite slėgį, o likusią dalį atleiskite greitai atleisdami. nuimkite dangtelį. Pabarstykite fetos sūriu ir patiekite.

Mityba (100 g): 459 kalorijos 10,6 g riebalų 68,1 g angliavandenių 21,3 g baltymų 724 mg natrio

Sūris Bazilikas Pomidorų Ryžiai

Paruošimo laikas: 10 minučių
maisto gaminimo metas: 26 minutės
Porcijos: 8
Sunkumo lygis: Vidutinis

Ingridientai:

- 1 1/2 puodelio rudųjų ryžių
- 1 puodelis parmezano sūrio, tarkuoto
- 1/4 puodelio šviežio baziliko, susmulkinto
- 2 stiklinės vynuoginių pomidorų, perpjautų per pusę
- 8 uncijų skardinė pomidorų padažo
- 1 3/4 puodelio daržovių sultinio
- 1 valgomasis šaukštas česnako, susmulkinto
- 1/2 puodelio svogūno, supjaustyto kubeliais
- 1 valgomasis šaukštas alyvuogių aliejaus
- pipirų
- Druska

kryptys:

Įpilkite aliejaus į vidinį greitojo puodo dubenį ir pasirinkite puodą, kurį norite kepti. Į vidinį greitojo puodo puodą sudėkite česnaką ir svogūną ir nustatykite troškinimo būdą. Sumaišykite česnaką ir svogūną ir pakepinkite 4 minutes. Supilkite ryžius, pomidorų padažą, sultinį, pipirus, druską ir gerai išmaišykite.

Uždenkite ir virkite aukštoje temperatūroje 22 minutes.

Baigę atleiskite slėgį 10 minučių, o likusią dalį atleiskite naudodami greito atsegimo sagtį. nuimti dangtelį. Įmaišykite likusius ingredientus ir išmaišykite. Patiekite ir mėgaukitės.

Mityba (100 g): 208 kalorijos 5,6 g riebalų 32,1 g angliavandenių 8,3 g baltymų 863 mg natrio

Mac ir sūris

Paruošimo laikas: 10 minučių
maisto gaminimo metas: 4 minutes
Porcijos: 8
Sunkumo lygis: Lengvas

Ingridientai:

- 1 svaras pilno grūdo makaronų
- 1/2 puodelio parmezano sūrio, tarkuoto
- 4 puodeliai čederio sūrio, susmulkinti
- 1 puodelis pieno
- 1/4 šaukštelio česnako miltelių
- 1/2 šaukštelio maltų garstyčių
- 2 šaukštai alyvuogių aliejaus
- 4 puodeliai vandens
- pipirų
- Druska

kryptys:

Į Instant Pot įpilkite makaronų, česnako miltelių, garstyčių, aliejaus, vandens, pipirų ir druskos. Sandariai uždarykite ir virkite ant aukštos temperatūros 4 minutes. Baigę atleiskite slėgį greito atsegimo sagtimi. atidarytas dangtelis. Sudėkite likusius ingredientus, gerai išmaišykite ir patiekite.

Mityba (100 g): 509 kalorijos 25,7 g riebalų 43,8 g angliavandenių 27,3 g baltymų 766 mg natrio

Tuno makaronai

Paruošimo laikas: 10 minučių
maisto gaminimo metas: 8 minutes
Porcijos: 6
Sunkumo lygis: Vidutinis

Ingridientai:

- 10 uncijų tuno skardinės, nusausintos
- 15 uncijų nesmulkintų kviečių rotini makaronų
- 4 uncijos mocarelos sūrio, supjaustyto kubeliais
- 1/2 puodelio parmezano sūrio, tarkuoto
- 1 šaukštelis džiovinto baziliko
- 14 uncijų skardinė pomidorų
- 4 puodeliai daržovių sultinio
- 1 valgomasis šaukštas česnako, susmulkinto
- 8 uncijos grybų, supjaustyti
- 2 cukinijos, supjaustytos
- 1 svogūnas, susmulkintas
- 2 šaukštai alyvuogių aliejaus
- pipirų
- Druska

kryptys:

Į vidinį greito puodo puodą supilkite aliejų ir paspauskite puodą, kad troškintųsi. Sudėkite grybus, cukinijas ir svogūną ir pakepinkite, kol svogūnas suminkštės. Suberkite česnaką ir patroškinkite minutę.

Sudėkite makaronus, baziliką, tuną, pomidorus ir sultinį ir gerai išmaišykite. Uždarykite ir virkite ant aukštos temperatūros 4 minutes. Baigę atleiskite slėgį 5 minutėms, o likusią dalį atleiskite greitai atpalaiduodami. nuimkite dangtelį. Sudėkite likusius ingredientus ir gerai išmaišykite ir patiekite.

Mityba (100 g): 346 kalorijos 11,9 g riebalų 31,3 g angliavandenių 6,3 g baltymų 830 mg natrio

Avokadų ir kalakutų mišinys Panini

Paruošimo laikas: 5 minutės

maisto gaminimo metas: 8 minutes

Porcijos: 2

Sunkumo lygis: Lengvas

Ingridientai:

- 2 raudonos paprikos, paskrudintos ir supjaustytos juostelėmis
- ¼ svaro plonai pjaustyta meskito rūkytos kalakutienos krūtinėlė
- 1 puodelis sveikų šviežių špinatų lapų, padalintas
- 2 griežinėliai provolono sūrio
- 1 valgomasis šaukštas alyvuogių aliejaus, padalintas
- 2 ciabatta suktinukai
- ¼ puodelio majonezo
- ½ prinokusio avokado

kryptys:

Dubenyje kruopščiai sutrinkite majonezą ir avokadą. Tada įkaitinkite panini presą.

Bandeles perpjaukite per pusę, o duonos vidų patepkite alyvuogių aliejumi. Tada užpildykite įdaru ir pamažu sluoksniuokite: provoloną, kalakuto krūtinėlę, skrudintą raudonąją papriką, špinatų lapelius ir avokado mišinį ir ant viršaus uždėkite kitą duonos riekę.

Įdėkite sumuštinį į panini presą ir kepkite ant grotelių, kol sūris išsilydys, o duona taps traški ir subręsta, 5–8 minutes.

Mityba (100 g): 546 kalorijos 34,8 g riebalų 31,9 g angliavandenių 27,8 g baltymų 582 mg natrio

Agurkų, vištienos ir mango įvyniojimas

Paruošimo laikas: 5 minutės

maisto gaminimo metas: 20 minučių

Porcijos: 1

Sunkumas: sunkus D

Ingridientai:

- ½ vidutinio agurko supjaustyti išilgai
- ½ prinokusio mango
- 1 valgomasis šaukštas jūsų pasirinkto salotų padažo
- 1 pilno grūdo tortilijos įvyniojimas
- 1 colio storio vištienos krūtinėlės gabalas, maždaug 6 colių ilgio
- 2 šaukštai aliejaus kepimui
- 2 v.š. pilno grūdo kvietinių miltų
- 2-4 salotų lapai
- druskos ir pipirų pagal skonį

kryptys:

Vištienos krūtinėlę supjaustykite 1 colio juostelėmis ir iš viso kepkite 6 colių juosteles. Tai būtų kaip dvi vištienos juostelės. Likusią vištieną išsaugokite naudojimui ateityje

Vištieną pagardinkite pipirais ir druska. Suberti į pilno grūdo kvietinius miltus.

Padėkite nedidelę neprideginčią keptuvę ant vidutinės-stiprios ugnies ir įkaitinkite aliejų. Kai aliejus įkaista, sudėkite vištienos juosteles ir kepkite iki auksinės rudos spalvos, maždaug 5 minutes iš kiekvienos pusės.

Kol vištiena kepa, įdėkite tortilijų įvyniojimus į orkaitę ir kepkite 3–5 minutes. Tada atidėkite į šalį ir perkelkite į lėkštę.

Agurką perpjaukite išilgai, naudokite tik pusę, o likusį agurką pasilikite. Agurką ketvirčiu ir išskobkite. Dvi agurko skilteles uždėkite ant tortilijos plėvelės, 1 colio atstumu nuo krašto.

Supjaustykite mangą ir palikite kitą pusę su sėklomis. Mangą nulupkite be kauliukų, supjaustykite juostelėmis ir dėkite ant tortilijos įvyniojimo.

Kai vištiena iškeps, sudėkite vištieną į eilę šalia marinato.

Įdėkite agurko lapą ir apšlakstykite pasirinktu salotų padažu.

Susukite tortilijos įvyniojimą, patiekite ir skanaukite.

Mityba (100 g): 434 kalorijos 10 g riebalų 65 g angliavandenių 21 g baltymų 691 mg natrio

Fattoush – Artimųjų Rytų duona

Paruošimo laikas: 10 minučių
maisto gaminimo metas: 15 minučių
Porcijos: 6
Sunkumas: sunkus D

Ingridientai:

- 2 papločiai
- 1 valgomasis šaukštas aukščiausios kokybės pirmojo spaudimo alyvuogių aliejaus
- 1/2 šaukštelio žagrenio, daugiau vėliau
- druskos ir pipirų
- 1 širdelė romėnų salotų
- 1 angliškas agurkas
- 5 romų pomidorai
- 5 laiškiniai svogūnai
- 5 ridikėliai
- 2 puodeliai kapotų šviežių petražolių lapelių
- 1 puodelis kapotų šviežių mėtų lapelių
- <u>Užpilo ingredientai:</u>
- 1 1/2 laimo, sultys iš
- 1/3 puodelio aukščiausios kokybės pirmojo spaudimo alyvuogių aliejaus
- druskos ir pipirų
- 1 šaukštelis malto žagrenio

- 1/4 šaukštelio malto cinamono
- šiek tiek mažiau nei 1/4 šaukštelio maltų kvapiųjų pipirų

kryptys:

Papločius paskrudinkite skrudintuve 5 minutes. Ir tada paplotį sulaužykite į gabalus.

Didelėje keptuvėje ant vidutinės ir stiprios ugnies 3 minutes pakaitinkite 3 šaukštus alyvuogių aliejaus. Sudėkite paplotį ir kepkite, maišydami, kol apskrus, apie 4 minutes.

Įpilkite druskos, pipirų ir 1/2 šaukštelio žagrenio. Nuimkite pita drožles nuo ugnies ir padėkite ant virtuvinio popieriaus, kad nuvarvėtų.

Dideliame salotų dubenyje sumaišykite pjaustytas salotas, agurką, pomidorus, svogūnus, griežinėliais pjaustytus ridikėlius, mėtas ir petražoles.

Kalkių vinaigretui sumaišykite visus ingredientus nedideliame dubenyje.

Padažą įmaišykite į salotas ir gerai išmaišykite. Įmaišykite paplotėlius.

Patiekite ir mėgaukitės.

Mityba (100 g): 192 kalorijos 13,8 g riebalų 16,1 g angliavandenių 3,9 g baltymų 655 mg natrio

Midijos baltame vyne

Paruošimo laikas: 5 minutės

maisto gaminimo metas: 10 min

Porcijos: 2

Sunkumas: sunkus D

Ingridientai:

- 2 svarai. Gyvos midijos, šviežios
- 1 puodelis sauso baltojo vyno
- 1/4 arbatinio šaukštelio jūros druskos, gerai
- 3 česnako skiltelės, susmulkintos
- 2 arbatiniai šaukšteliai askaloniniai česnakai, supjaustyti kubeliais
- 1/4 puodelio petražolių, šviežių ir kapotų, padalintų
- 2 šaukštai alyvuogių aliejaus
- 1/4 citrinos, išspaustos sultys

kryptys:

Išimkite kiaurasamtį, nušveiskite midijas ir nuplaukite šaltu vandeniu. Išmeskite visas midijas, kurios neužsidarys palietus, tada pjaustytuvu nuimkite barzdą nuo kiekvienos.

Nuimkite puodą, padėkite ant vidutinės-stiprios ugnies ir suberkite česnaką, askaloninius česnakus, vyną ir petražoles. Užvirinkite. Kai jis nuolat verda, sudėkite midijas ir uždenkite.

Leiskite jiems virti nuo penkių iki septynių minučių. Įsitikinkite, kad jie neperkepa.

Išimkite juos kiaurasamčiu ir į puodą įpilkite citrinos sulčių ir alyvuogių aliejaus. Prieš patiekdami su petražolėmis, gerai išmaišykite ir užpilkite sultiniu ant midijų.

Mityba (100 g): 345 kalorijos 9 g riebalų 18 g angliavandenių 37 g baltymų 693 mg natrio

Krapų lašiša

Paruošimo laikas: 10 minučių
maisto gaminimo metas: 15 minučių
Porcijos: 2
Sunkumo lygis: Vidutinis

Ingridientai:

- 2 lašišos filė, kiekviena po 6 uncijas
- 1 valgomasis šaukštas alyvuogių aliejaus
- 1/2 mandarino, sultys
- 2 arbatiniai šaukšteliai apelsino žievelės
- 2 šaukštai krapų, šviežių ir susmulkintų
- Jūros druskos ir juodųjų pipirų pagal skonį

kryptys:

Įkaitinkite orkaitę iki 375 laipsnių, tada išimkite du 10 colių folijos gabalus. Filė iš abiejų pusių patepkite alyvuogių aliejumi, prieš pagardinkite druska ir pipirais. Kiekvieną filė sudėkite į folijos gabalėlį.

Išspauskite apelsinų sultis, o tada apšlakstykite apelsino žievelę ir krapus. Sulenkite pakuotę ir įsitikinkite, kad folijoje yra du coliai oro, kad žuvis galėtų garuoti, tada padėkite ant kepimo indo.

Kepkite penkiolika minučių prieš atidarydami pakuotes ir padalinkite į dvi serviravimo lėkštes. Prieš patiekiant užpilkite padažu.

Mityba (100 g): 366 kalorijos 14 g riebalų 9 g angliavandeniai 36 g baltymai 689 mg natrio

Sklandi lašiša

Paruošimo laikas: 8 minutės
maisto gaminimo metas: 8 minutes
Porcijos: 2
Sunkumo lygis: Lengvas

Ingridientai:

- Lašiša, 6 uncijos filė
- Citrina, 2 griežinėliai
- kaparėlių, 1 valgomasis šaukštas
- jūros druskos ir pipirų, 1/8 arbatinio šaukštelio
- Ypač tyras alyvuogių aliejus, 1 valgomasis šaukštas

kryptys:

Padėkite švarią keptuvę ant vidutinės ugnies ir kepkite 3 minutes. Į lėkštę supilkite alyvuogių aliejų ir juo aptepkite lašišą. Keptuvėje ant stiprios ugnies apkepkite lašišą.

Lašišą apibarstykite likusiais ingredientais ir apverskite, kad apkeptų kiekvieną pusę. Atkreipkite dėmesį, ar abi pusės yra rudos. Vienai pusei gali prireikti 3–5 minučių. Įsitikinkite, kad lašiša iškepusi, išbandydami ją šakute.

Patiekite su citrinos griežinėliais.

Mityba (100 g): 371 kalorija 25,1 g riebalų 0,9 g angliavandenių 33,7 g baltymų 782 mg natrio

Tuno melodija

Paruošimo laikas: 20 minučių
maisto gaminimo metas: 20 minučių
Porcijos: 2
Sunkumo lygis: Lengvas

Ingridientai:

- Tunas, 12 uncijų
- svogūnų, 1 papuošimui
- Paprika, ¼, susmulkinta
- Actas, 1 šūvis
- druskos ir pipirų pagal skonį
- Avokadai, 1 perpjauti ir išskobti
- graikiško jogurto, 2 šaukštai

kryptys:

Dubenyje sumaišykite tuną su actu, svogūnu, jogurtu, avokadu ir pipirais.

Suberkite prieskonius, išmaišykite ir patiekite su laiškinių svogūnų garnyru.

Mityba (100 g): 294 kalorijos 19 g riebalų 10 g angliavandenių 12 g baltymų 836 mg natrio

jūros sūris

Paruošimo laikas: 12 minučių
maisto gaminimo metas: 25 minutes
Porcijos: 2
Sunkumo lygis: Lengvas

Ingridientai:

- Lašiša, 6 uncijos filė
- Džiovintas bazilikas, 1 valgomasis šaukštas
- Sūris, 2 v.š., tarkuotas
- Pomidoras, 1, supjaustytas
- Ypač tyras alyvuogių aliejus, 1 valgomasis šaukštas

kryptys:

Paruoškite orkaitę 375 F. Į troškinimo indą įdėkite aliuminio foliją ir apipurkškite kepimo aliejumi. Atsargiai padėkite lašišą ant kepimo skardos ir sudėkite likusius ingredientus.

Leiskite lašišai paruduoti 20 minučių. Leiskite atvėsti penkias minutes ir perkelkite į serviravimo lėkštę. Lašišos centre galite pamatyti užpilą.

Mityba (100 g): 411 kalorijų 26,6 g riebalų 1,6 g angliavandenių 8 g baltymų 822 mg natrio

Sveiki kepsniai

Paruošimo laikas: 10 minučių
maisto gaminimo metas: 20 minučių
Porcijos: 2
Sunkumo lygis: Lengvas

Ingridientai:

- alyvuogių aliejus, 1 arbatinis šaukštelis
- Paltuso kepsnys, 8 uncijos
- Česnakai, ½ arbatinio šaukštelio, susmulkinti
- sviesto, 1 valgomasis šaukštas
- druskos ir pipirų pagal skonį

kryptys:

Įkaitinkite keptuvę ir supilkite aliejų. Kepsnelius apkepkite keptuvėje ant vidutinio stiprumo, ištirpinkite sviestą su česnaku, druska ir pipirais. Sudėkite kepsnius, išmeskite, uždenkite ir patiekite.

Mityba (100 g): 284 kalorijos 17 g riebalų 0,2 g angliavandenių 8 g baltymų 755 mg natrio

žolė lašiša

Paruošimo laikas: 8 minutės

maisto gaminimo metas: 18 minučių

Porcijos: 2

Sunkumo lygis: Lengvas

Ingridientai:

- Lašiša, 2 filė be odos
- Rupi druska pagal skonį
- Ypač tyras alyvuogių aliejus, 1 valgomasis šaukštas
- Citrina, 1, supjaustyta
- Šviežias rozmarinas, 4 šakelės

kryptys:

Įkaitinkite orkaitę iki 400 F. Į troškinimo indą įdėkite aliuminio foliją ir ant viršaus uždėkite lašišą. Lašišą apibarstykite likusiais ingredientais ir kepkite 20 minučių. Patiekite iš karto su citrinos griežinėliais.

Mityba (100 g): 257 kalorijos 18 g riebalų 2,7 g angliavandenių 7 g baltymų 836 mg natrio

Dūminis glazūruotas tunas

Paruošimo laikas: 35 minutės

maisto gaminimo metas: 10 min

Porcijos: 2

Sunkumo lygis: Lengvas

Ingridientai:

- Tunas, 4 uncijų kepsniai
- apelsinų sulčių, 1 valgomasis šaukštas
- Susmulkintas česnakas, ½ skiltelės
- citrinos sulčių, ½ arbatinio šaukštelio
- Šviežios petražolės, 1 valgomasis šaukštas, susmulkintos
- sojos padažas, 1 valgomasis šaukštas
- Ypač tyras alyvuogių aliejus, 1 valgomasis šaukštas
- Malti juodieji pipirai, ¼ arbatinio šaukštelio
- Raudonėlis, ¼ arbatinio šaukštelio

kryptys:

Pasirinkite maišymo dubenį ir sudėkite visus ingredientus, išskyrus tuną. Gerai išmaišykite ir į marinatą sudėkite tuną. Šį mišinį atvėsinkite pusvalandį. Įkaitinkite keptuvę ir apkepkite tuną po 5 minutes iš kiekvienos pusės. Patiekite išvirus.

Mityba (100 g): 200 kalorijų 7,9 g riebalų 0,3 g angliavandenių 10 g baltymų 734 mg natrio

Traškus otas

Paruošimo laikas: 20 minučių
maisto gaminimo metas: 15 minučių
Porcijos: 2
Sunkumo lygis: Lengvas

Ingridientai:

- petražolių iki viršaus
- Švieži krapai, 2 šaukštai, susmulkinti
- Švieži laiškiniai česnakai, 2 šaukštai, susmulkinti
- alyvuogių aliejaus, 1 valgomasis šaukštas
- druskos ir pipirų pagal skonį
- Paltusas, filė, 6 uncijos
- Citrinos žievelė, ½ arbatinio šaukštelio, smulkiai tarkuota
- graikiško jogurto, 2 šaukštai

kryptys:

Įkaitinkite orkaitę iki 400 F. Kepimo skardą išklokite folija. Visus ingredientus sudėkite į platų dubenį ir pamarinuokite filė. Nuplaukite ir išdžiovinkite filė; Tada pašauname į orkaitę ir kepame 15 min.

Mityba (100 g): 273 kalorijos 7,2 g riebalų 0,4 g angliavandenių 9 g baltymų 783 mg natrio

Tinka tunas

Paruošimo laikas: 15 minučių
maisto gaminimo metas: 10 min
Porcijos: 2
Sunkumo lygis: Lengvas

Ingridientai:

- kiaušinis, ½
- Svogūnai, 1 valgomasis šaukštas, smulkiai pjaustyti
- salierų viršus
- druskos ir pipirų pagal skonį
- Česnakai, 1 skiltelė, susmulkinti
- Konservuotas tunas, 7 uncijos
- graikiško jogurto, 2 šaukštai

kryptys:

Tuną nusausinkite, įmuškite kiaušinį ir jogurtą su česnaku, druska ir pipirais.

Dubenyje sumaišykite šį mišinį su svogūnais ir suformuokite paplotėlius. Paimkite didelę keptuvę ir kepkite pyragėlius 3 minutes iš kiekvienos pusės. Nusausinkite ir patiekite.

Mityba (100 g): 230 kalorijų 13 g riebalų 0,8 g angliavandenių 10 g baltymų 866 mg natrio

Karšti ir švieži žuvies kepsniai

Paruošimo laikas: 14 minučių
maisto gaminimo metas: 14 minučių
Porcijos: 2
Sunkumo lygis: Lengvas

Ingridientai:

- Česnakai, 1 skiltelė, susmulkinti
- citrinos sulčių, 1 valgomasis šaukštas
- rudojo cukraus, 1 valgomasis šaukštas
- Paltuso kepsnys, 1 svaras
- druskos ir pipirų pagal skonį
- sojos padažas, ¼ arbatinio šaukštelio
- sviesto, 1 arbat
- graikiško jogurto, 2 šaukštai

kryptys:

Įkaitinkite grilį ant vidutinės ugnies. Dubenyje sumaišykite sviestą, cukrų, jogurtą, citrinos sultis, sojos padažą ir prieskonius. Įkaitinkite mišinį keptuvėje. Šiuo mišiniu aptepkite kepsnį kepant ant grotelių. Patiekite karštą.

Mityba (100 g): 412 kalorijų 19,4 g riebalų 7,6 g angliavandenių 11 g baltymų 788 mg natrio

O'Marine kriauklės

Paruošimo laikas: 20 minučių
maisto gaminimo metas: 10 min
Porcijos: 2
Sunkumo lygis: Lengvas

Ingridientai:

- Midijos, nušveisti ir nulupti, 1 lb
- kokoso pienas, ½ puodelio
- Kajeno pipirai, 1 arbatinis šaukštelis
- Šviežios citrinos sultys, 1 valgomasis šaukštas
- Česnakai, 1 arbatinis šaukštelis, susmulkinti
- Kalendra, šviežiai susmulkinta papuošimui
- rudojo cukraus, 1 arbat

kryptys:

Puode sumaišykite visus ingredientus, išskyrus midijas. Mišinį pašildykite ir užvirinkite. Sudėkite midijas ir virkite 10 minučių. Patiekite dubenyje su virintu skysčiu.

Mityba (100 g): 483 kalorijos 24,4 g riebalų 21,6 g angliavandenių 1,2 g baltymų 499 mg natrio

Lėtos viryklės Viduržemio jūros jautienos kepsnys

Paruošimo laikas: 10 minučių
maisto gaminimo metas: 10 valandų ir 10 minučių
Porcijos: 6
Sunkumo lygis: Vidutinis

Ingridientai:

- 3 svarų kepsnys be kaulų
- 2 arbatiniai šaukšteliai rozmarino
- ½ puodelio saulėje džiovintų ir susmulkintų pomidorų
- 10 skiltelių tarkuoto česnako
- ½ puodelio jautienos sultinio
- 2 šaukštai balzamiko acto
- ¼ puodelio kapotų itališkų petražolių, šviežių
- ¼ puodelio kapotų alyvuogių
- 1 arbatinis šaukštelis citrinos žievelės
- ¼ puodelio kruopų

kryptys:

Į lėtą viryklę sudėkite česnaką, saulėje džiovintus pomidorus ir jautienos kepsnį. Supilkite jautienos sultinį ir rozmariną. Uždarykite viryklę ir lėtai virkite 10 valandų.

Iškepus išimkite jautieną ir mėsą susmulkinkite. Išmeskite riebalus. Susmulkintą mėsą grąžinkite į lėtą viryklę ir troškinkite 10 minučių. Mažame dubenyje sumaišykite citrinos žievelę, petražoles ir alyvuoges. Atvėsinkite mišinį, kol jis bus paruoštas patiekti. Papuoškite atšaldytu mišiniu.

Patiekite ant makaronų ar kiaušinių makaronų. Apibarstykite sūrio kruopomis.

Mityba (100 g): 314 kalorijų 19 g riebalų 1 g angliavandenių 32 g baltymų 778 mg natrio

Slow Cooker Viduržemio jūros jautiena su artišokais

pasiruošimo laikas: 3 valandos ir 20 minučių

maisto gaminimo metas: 7 valandos ir 8 minutės

Porcijos: 6

Sunkumo lygis: Lengvas

Ingridientai:

- 2 svarai jautienos troškiniui
- 14 uncijų artišokų širdelės
- 1 valgomasis šaukštas vynuogių kauliukų aliejaus
- 1 kubeliais pjaustytas svogūnas
- 32 uncijos jautienos sultinio
- 4 skiltelės česnako, sutarkuotos
- 14½ uncijos konservuotų pomidorų, supjaustytų kubeliais
- 15 uncijų pomidorų padažo
- 1 arbatinis šaukštelis džiovintų raudonėlių
- ½ puodelio be kauliukų, kapotų alyvuogių
- 1 arbatinis šaukštelis džiovintų petražolių
- 1 arbatinis šaukštelis džiovintų raudonėlių
- ½ arbatinio šaukštelio maltų kmynų
- 1 arbatinis šaukštelis džiovinto baziliko
- 1 lauro lapas
- ½ arbatinio šaukštelio druskos

kryptys:

Į didelę nepridegančią keptuvę supilkite šiek tiek aliejaus ir įkaitinkite ant vidutinės-stiprios ugnies. Jautieną apkepkite iš abiejų pusių iki rudos spalvos. Perkelkite jautieną į lėtą viryklę.

Supilkite jautienos sultinį, kubeliais pjaustytus pomidorus, pomidorų padažą, druską ir išmaišykite. Supilkite jautienos sultinį, kubeliais pjaustytus pomidorus, raudonėlį, alyvuoges, bazilikus, petražoles, lauro lapą ir kmynus. Kruopščiai sumaišykite mišinį.

Uždarykite ir virkite ant silpnos ugnies 7 valandas. Išmeskite lauro lapą patiekimui. Patiekite karštą.

Mityba (100 g): 416 kalorijų 5 g riebalų 14,1 g angliavandenių 29,9 g baltymų 811 mg natrio

Viduržemio jūros stiliaus liesas lėtos viryklės kepsnys

Paruošimo laikas: 30 minučių
Virimo laikas: 8 valandos
Porcijos: 10
Sunkumas: sunkus D

Ingridientai:

- 4 svarai apvalios kepsnio akies
- 4 skiltelės česnako
- 2 arbatinius šaukštelius alyvuogių aliejaus
- 1 arbatinis šaukštelis šviežiai maltų juodųjų pipirų
- 1 puodelis pjaustytų svogūnų
- 4 morkos, susmulkintos
- 2 arbatiniai šaukšteliai džiovinto rozmarino
- 2 susmulkintų salierų lazdelių
- 28 uncijos konservuotų susmulkintų pomidorų
- 1 puodelis mažai natrio jautienos sultinio
- 1 puodelis raudonojo vyno
- 2 arbatinius šaukštelius druskos

kryptys:

Jautienos kepsnį pagardinkite druska, česnaku ir pipirais ir atidėkite į šalį. Supilkite aliejų į padengtą keptuvę ir įkaitinkite ant vidutinės ugnies. Sudėkite jautieną ir kepkite iš visų pusių iki rudos spalvos. Dabar perkelkite keptą jautieną į 6 litrų lėtą viryklę. Į keptuvę sudėkite morkas, svogūnus, rozmarinus ir salierus. Kepkite toliau, kol svogūnas ir daržovės suminkštės.

Į šį daržovių mišinį įmaišykite pomidorus ir vyną. Į lėtą viryklę įpilkite jautienos sultinio ir pomidorų mišinio kartu su daržovių mišiniu. Uždarykite ir virkite ant silpnos ugnies 8 valandas.

Kai mėsa iškeps, išimkite iš lėtos viryklės, padėkite ant pjaustymo lentos ir suvyniokite į aliuminio foliją. Kad padažas sutirštėtų, dėkite jį į puodą ir virkite ant silpnos ugnies, kol pasieks norimą konsistenciją. Prieš patiekdami išmeskite riebalus.

Mityba (100 g): 260 kalorijų 6 g riebalų 8,7 g angliavandenių 37,6 g baltymų 588 mg natrio

Slow Cooker Meatloaf

Paruošimo laikas: 10 minučių

maisto gaminimo metas: 6 valandos ir 10 minučių

Porcijos: 8

Sunkumo lygis: Vidutinis

Ingridientai:

- 2 svarai maltų bizonų
- 1 tarkuota cukinija
- 2 dideli kiaušiniai
- Alyvuogių aliejaus kepimo purškalas pagal poreikį
- 1 cukinija, susmulkinta
- ½ puodelio šviežių petražolių, smulkiai pjaustytų
- ½ puodelio parmezano sūrio, tarkuoto
- 3 šaukštai balzamiko acto
- 4 česnako skiltelės, sutarkuotos
- 2 šaukštai susmulkinto svogūno
- 1 valgomasis šaukštas džiovintų raudonėlių
- ½ arbatinio šaukštelio maltų juodųjų pipirų
- ½ arbatinio šaukštelio košerinės druskos
- Uždengimui:
- ¼ puodelio tarkuoto mocarelos sūrio
- ¼ puodelio kečupo be cukraus
- ¼ puodelio šviežiai kapotų petražolių

kryptys:

Išklokite 6 litrų lėtos viryklės vidų aliuminio folija. Ant jo užpurkškite neprideganio kepimo aliejaus.

Dideliame dubenyje sumaišykite maltą bizono arba itin liesą jautienos nugarinę, cukinijas, kiaušinius, petražoles, balzamiko actą, česnaką, džiovintą raudonėlį, jūros arba košerinę druską, smulkintus sausus svogūnus ir maltus juoduosius pipirus.

Įdėkite šį mišinį į lėtą viryklę ir suformuokite pailgą kepalą. Uždenkite viryklę, sumažinkite ugnį ir virkite 6 valandas. Baigę kepti, atidarykite viryklę ir ištepkite kečupu ant mėsos kepalo.

Dabar padėkite sūrį kaip naują sluoksnį ant kečupo ir uždarykite lėtą viryklę. Leiskite mėsai pailsėti ant šių dviejų sluoksnių apie 10 minučių arba tol, kol sūris pradės tirpti. Papuoškite šviežiomis petražolėmis ir tarkuota mocarela.

Mityba (100 g): 320 kalorijų 2 g riebalų 4 g angliavandenių 26 g baltymų 681 mg natrio

Slow Cooker Viduržemio jūros jautienos Hoagies

Paruošimo laikas: 10 minučių
Virimo laikas: 13 valandų
Porcijos: 6
Sunkumo lygis: Vidutinis

Ingridientai:

- 3 svarų jautienos kepsnys be riebalų
- ½ arbatinio šaukštelio svogūnų miltelių
- ½ arbatinio šaukštelio juodųjų pipirų
- 3 puodeliai mažai natrio jautienos sultinio
- 4 arbatiniai šaukšteliai salotų padažo mišinio
- 1 lauro lapas
- 1 valgomasis šaukštas česnako, susmulkintas
- 2 raudonos paprikos, plonais griežinėliais
- 16 uncijų aitriųjų paprikų
- 8 griežinėliai Sargento Provolone, ploni
- 2 uncijos duona be glitimo
- ½ arbatinio šaukštelio druskos
- <u>Pagardinimui:</u>
- 1½ šaukšto svogūnų miltelių
- 1½ šaukšto česnako miltelių
- 2 šaukštai džiovintų petražolių

- 1 valgomasis šaukštas stevijos
- ½ arbatinio šaukštelio džiovintų čiobrelių
- 1 valgomasis šaukštas džiovintų raudonėlių
- 2 šaukštai juodųjų pipirų
- 1 valgomasis šaukštas druskos
- 6 sūrio griežinėliai

kryptys:

Išdžiovinkite kepsnį popieriniu rankšluosčiu. Mažame dubenyje sumaišykite juoduosius pipirus, svogūnų miltelius ir druską ir mišiniu įtrinkite kepsnį. Pagardintą kepsnį sudėkite į lėtą viryklę.

Į lėtą viryklę sudėkite sultinį, salotų padažo mišinį, lauro lapą ir česnaką. Atsargiai sumaišykite. Uždarykite ir virkite ant silpnos ugnies 12 valandų. Po virimo išimkite lauro lapą.

Išimkite išvirtą jautieną ir susmulkinkite jautieną. Susmulkintą jautieną rezervuokite ir suberkite paprikas. Sudėkite pipirus ir čili pipirus į lėtą viryklę. Uždenkite viryklę ir virkite ant silpnos ugnies 1 valandą. Prieš patiekdami kiekvieną kepalą užpilkite 3 uncijomis mėsos mišinio. Ant viršaus uždėkite sūrio griežinėlį. Skystas padažas gali būti naudojamas kaip panirimas.

Mityba (100 g): 442 kalorijos 11,5 g riebalų 37 g angliavandenių 49 g baltymų 735 mg natrio

Viduržemio jūros kiaulienos kepsnys

Paruošimo laikas: 10 minučių

maisto gaminimo metas: 8 valandos ir 10 minučių

Porcijos: 6

Sunkumo lygis: Vidutinis

Ingridientai:

- 2 šaukštai alyvuogių aliejaus
- 2 svarai keptos kiaulienos
- ½ arbatinio šaukštelio paprikos
- ¾ puodelio vištienos sultinio
- 2 arbatinius šaukštelius džiovinto šalavijo
- ½ šaukšto susmulkinto česnako
- ¼ arbatinio šaukštelio džiovintų mairūnų
- ¼ arbatinio šaukštelio džiovinto rozmarino
- 1 arbatinis šaukštelis raudonėlio
- ¼ arbatinio šaukštelio džiovintų čiobrelių
- 1 arbatinis šaukštelis baziliko
- ¼ arbatinio šaukštelio košerinės druskos

kryptys:

Nedideliame dubenyje sumaišykite sultinį, aliejų, druską ir prieskonius. Į keptuvę supilkite alyvuogių aliejų ir įkaitinkite ant vidutinės ugnies. Sudėkite kiaulieną ir kepkite, kol visos pusės paruduos.

Kai kiauliena iškeps, išimkite ir peiliu perdurkite kepsnį. Įdėkite keptą kiaulieną į 6 litrų puodą. Dabar ant kepsnio užpilkite mažo dubenėlio mišinio skystį.

Uždenkite puodą ir virkite ant silpnos ugnies 8 valandas. Iškepus išimkite iš puodo, dėkite ant pjaustymo lentos ir supjaustykite gabalėliais. Po to susmulkintą kiaulieną sudėkite atgal į puodą. Troškinkite dar 10 minučių. Patiekite su fetos sūriu, paplotėliu ir pomidorais.

Mityba (100 g): 361 kalorija 10,4 g riebalų 0,7 g angliavandenių 43,8 g baltymų 980 mg natrio

jautienos pica

Paruošimo laikas: 20 minučių
maisto gaminimo metas: 50 minučių
Porcijos: 10
Sunkumas: sunkus D

Ingridientai:

- <u>Dėl plutos:</u>
- 3 puodeliai universalių miltų
- 1 valgomasis šaukštas cukraus
- 2¼ arbatinio šaukštelio aktyvių sausų mielių
- 1 arbatinis šaukštelis druskos
- 2 šaukštai alyvuogių aliejaus
- 1 puodelis šilto vandens
- <u>Dažymui:</u>
- 1 svaras maltos jautienos
- 1 vidutinio dydžio svogūnas, supjaustytas
- 2 šaukštai pomidorų pastos
- 1 valgomasis šaukštas maltų kmynų
- Druskos ir maltų juodųjų pipirų pagal poreikį
- ¼ puodelio vandens
- 1 puodelis šviežių špinatų, susmulkintų
- 8 uncijos artišokų širdelės, supjaustytos ketvirčiais
- 4 uncijos šviežių grybų, supjaustytų griežinėliais

- 2 pomidorai, supjaustyti
- 4 uncijos fetos sūrio, susmulkinto

kryptys:

Dėl plutos:

Virtuviniu kombainu su tešlos kabliu sumaišykite miltus, cukrų, mieles ir druską. Įpilkite 2 šaukštus aliejaus ir šilto vandens ir minkykite iki vientisos ir elastingos tešlos.

Iš tešlos suformuokite rutulį ir palikite pastovėti apie 15 minučių.

Tešlą dėkite ant lengvai miltais pabarstyto paviršiaus ir iškočiokite į apskritimą. Supilkite tešlą į lengvai riebalais pateptą apvalią picos formą ir lengvai prispauskite. Atidėkite maždaug 10-15 minučių. Aptepkite plutą trupučiu aliejaus. Įkaitinkite orkaitę iki 400 laipsnių F.

Dažymui:

Jautieną kepkite padengtoje keptuvėje ant vidutinės ugnies apie 4-5 minutes. Įmaišykite svogūną ir kepkite apie 5 minutes, dažnai maišydami. Įpilkite pomidorų pastos, kmynų, druskos, juodųjų pipirų ir vandens ir išmaišykite.

Nustatykite vidutinę ugnį ir kepkite apie 5-10 minučių. Nuimkite nuo viryklės ir atidėkite į šalį. Padėkite jautienos mišinį ant picos plutos ir ant viršaus uždėkite špinatų, po to - artišokus, grybus, pomidorus ir fetos sūrį.

Kepkite, kol sūris išsilydys. Išimkite iš orkaitės ir palikite 3-5 minutes pailsėti prieš pjaustydami. Supjaustykite norimo dydžio griežinėliais ir patiekite.

Mityba (100 g): 309 kalorijos 8,7 g riebalų 3,7 g angliavandenių 3,3 g baltymų 732 mg natrio

Jautienos ir Bulgur mėsos kukuliai

Paruošimo laikas: 20 minučių
maisto gaminimo metas: 28 minutes
Porcijos: 6
Sunkumo lygis: Vidutinis

Ingridientai:

- ¾ puodelio nevirto bulguro
- 1 svaras maltos jautienos
- ¼ puodelio askaloniniai česnakai, supjaustyti
- ¼ puodelio šviežių petražolių, kapotų
- ½ arbatinio šaukštelio maltų kvapiųjų pipirų
- ½ arbatinio šaukštelio maltų kmynų
- ½ arbatinio šaukštelio malto cinamono
- ¼ šaukštelio raudonųjų pipirų dribsnių, susmulkintų
- druskos, pagal poreikį
- 1 valgomasis šaukštas alyvuogių aliejaus

kryptys:

Dideliame dubenyje šalto vandens pamirkykite bulgurą apie 30 minučių. Bulgurą gerai nusausinkite, tada suspauskite rankomis, kad pašalintumėte vandens perteklių. Virtuvės kombainu sumaišykite bulgurą, jautieną, askaloninius česnakus, petražoles, prieskonius, druską ir ankštines daržoves iki vientisos masės.

Sudėkite mišinį į dubenį, uždenkite ir šaldykite apie 30 minučių. Išimkite iš šaldytuvo ir iš jautienos mišinio suformuokite tokio pat dydžio rutuliukus. Didelėje neprideganfioje keptuvėje įkaitinkite aliejų ant vidutinės-stiprios ugnies ir kepkite kotletus 2 porcijomis, maždaug 13–14 minučių, dažnai vartydami. Patiekite šiltą.

Mityba (100 g): 228 kalorijos 7,4 g riebalų 0,1 g angliavandenių 3,5 g baltymų 766 mg natrio

Skani jautiena ir brokoliai

Paruošimo laikas: 10 minučių
maisto gaminimo metas: 15 minučių
Porcijos: 4
Sunkumo lygis: Lengvas

Ingridientai:

- 1 ir ½ svaro. šoninis kepsnys
- 1 šaukštelis. alyvuogių aliejus
- 1 šaukštelis. Tamari padažas
- 1 puodelis jautienos sultinio
- 1 svaras brokolių, atskirti žiedynai

kryptys:

Kepsnių juosteles sumaišykite su aliejumi ir tamari, išmeskite ir palikite 10 minučių pailsėti. Kepimo režimu surinkite Instant Pot, sudėkite jautienos juosteles ir kepkite jas 4 minutes iš kiekvienos pusės. Supilkite sultinį, vėl uždenkite puodą ir virkite 8 minutes. Įmaišykite brokolius, uždenkite ir virkite dar 4 minutes. Viską sudėkite į lėkštes ir patiekite. Mėgautis!

Mityba (100 g): 312 kalorijų 5 g riebalų 20 g angliavandenių 4 g baltymų 694 mg natrio

Jautienos kukurūzų čili

Paruošimo laikas: 8-10 minučių
maisto gaminimo metas: 30 minučių
Porcijos: 8
Sunkumo lygis: Vidutinis

Ingridientai:

- 2 nedideli svogūnai, pjaustyti (smulkiai)
- ¼ puodelio konservuotų kukurūzų
- 1 valgomasis šaukštas aliejaus
- 10 uncijų liesos maltos jautienos
- 2 mažos paprikos, supjaustytos kubeliais

kryptys:

Įjunkite Instant Pot. Spustelėkite „SAUTEN". Supilkite aliejų, tada įmaišykite svogūnus, čili pipirus ir jautieną; virkite, kol taps skaidrūs ir minkšti. Į puodą supilkite 3 puodelius vandens; gerai ismaisyti.

Uždarykite dangtį. Pasirinkite MĖSOS / TROŠKINĮ. Nustatykite laikmatį 20 minučių. Leiskite virti, kol laikmatis pasieks nulį.

Spustelėkite „ATŠAUKTI", tada spustelėkite „NPR", kad atpalaiduotumėte natūralų slėgį maždaug 8–10 minučių. Atidarykite dubenį ir sudėkite į serviravimo lėkštes. Tarnauti.

Mityba (100 g): 94 kalorijos 5 g riebalai 2 g angliavandeniai 7 g baltymai 477 mg natrio

Balzaminis jautienos patiekalas

Paruošimo laikas: 5 minutės

maisto gaminimo metas: 55 minutes

Porcijos: 8

Sunkumo lygis: Vidutinis

Ingridientai:

- 3 svarų kepsnys
- 3 česnako skiltelės, smulkiai supjaustytos
- 1 valgomasis šaukštas aliejaus
- 1 arbatinis šaukštelis aromatinto acto
- ½ arbatinio šaukštelio pipirų
- ½ arbatinio šaukštelio rozmarino
- 1 valgomasis šaukštas sviesto
- ½ arbatinio šaukštelio čiobrelių
- ¼ puodelio balzamiko acto
- 1 puodelis jautienos sultinio

kryptys:

Kepsnyje supjaustykite skilteles ir viską įdarykite česnako griežinėliais. Sumaišykite aromatintą actą, rozmariną, pipirus, čiobrelius ir mišiniu patrinkite kepsnį. Puodą nustatykite į troškinimo režimą ir įmaišykite aliejų, leiskite aliejui įkaisti. Apkepkite abi kepsnio puses.

Išimkite ir atidėkite į šalį. Įmaišykite sviestą, sultinį, balzamiko actą ir nusausinkite puodą. Grąžinkite kepsnį ir uždarykite dangtį, tada virkite ant AUKŠTO SLĖGIMO 40 minučių.

Atlikite greitą atleidimą. Tarnauti!

Mityba (100 g): 393 kalorijos 15 g riebalų 25 g angliavandeniai 37 g baltymai 870 mg natrio

Sojų padažas jautienos kepsnys

Paruošimo laikas: 8 minutės
maisto gaminimo metas: 35 minutes
Porcijos: 2-3
Sunkumo lygis: Vidutinis

Ingridientai:

- ½ arbatinio šaukštelio jautienos sultinio
- 1 ½ arbatinio šaukštelio rozmarino
- ½ arbatinio šaukštelio malto česnako
- 2 svarai jautienos kepsnys
- 1/3 puodelio sojos padažo

kryptys:

Dubenyje sumaišykite sojos padažą, sultinį, rozmariną ir česnaką.

Įjunkite „Instant Pot". Sudėkite kepsnį ir užpilkite tiek vandens, kad apsemtų kepsnį; švelniai maišykite, kad gerai susimaišytų. Tvirtai uždarykite.

Paspauskite "MEAT/STREW" kepimo funkciją; Nustatykite slėgio lygį į "HIGH" ir nustatykite gaminimo laiką iki 35 minučių. Leiskite padidinti slėgį, kad iškeptumėte ingredientus. Baigę spustelėkite nustatymą „ATŠAUKTI", tada spustelėkite „NPR" kepimo funkciją, kad slėgis būtų atleistas natūraliai.

Palaipsniui atidarykite dangtį ir susmulkinkite mėsą. Susmulkintą mėsą vėl įmaišykite į dirvą ir gerai išmaišykite. Supilstykite į serviravimo indus. Patiekite šiltą.

Mityba (100 g): 423 kalorijos 14 g riebalų 12 g angliavandenių 21 g baltymų 884 mg natrio

Rozmarino jautienos Chuck kepsnys

Paruošimo laikas: 5 minutės

maisto gaminimo metas: 45 minutes

Porcijos: 5-6

Sunkumo lygis: Vidutinis

Ingridientai:

- 3 svarai jautienos kepsnys
- 3 skiltelės česnako
- ¼ puodelio balzamiko acto
- 1 šakelė šviežio rozmarino
- 1 šakelė šviežių čiobrelių
- 1 puodelis vandens
- 1 valgomasis šaukštas augalinio aliejaus
- druskos ir pipirų pagal skonį

kryptys:

Supjaustykite jautienos kepsnį ir sudėkite česnako skilteles.

Kepsnį įtrinkite žolelėmis, juodaisiais pipirais ir druska. Įkaitinkite greitąjį puodą ant kepimo režimo ir supilkite aliejų. Įkaitinus įmaišyti jautienos kepsnį ir maišant kepti, kol apskrus iš visų pusių. Sudėkite likusius ingredientus; švelniai maišykite.

Sandariai uždarykite ir virkite ant didelio rankinio režimo 40 minučių. Natūraliai atleiskite slėgį, maždaug 10 minučių. Uždenkite jautienos kepsnį ir dėkite į serviravimo lėkštes, supjaustykite ir patiekite.

Mityba (100 g): 542 kalorijos 11,2 g riebalų 8,7 g angliavandenių 55,2 g baltymų 710 mg natrio

Kiaulienos kotletai ir pomidorų padažas

Paruošimo laikas: 10 minučių
maisto gaminimo metas: 20 minučių
Porcijos: 4
Sunkumo lygis: Lengvas

Ingridientai:

- 4 kiaulienos gabalėliai, be kaulų
- 1 valgomasis šaukštas sojos padažo
- ¼ arbatinio šaukštelio sezamo aliejaus
- 1 ir ½ puodelio pomidorų pastos
- 1 geltonasis svogūnas
- 8 grybai, supjaustyti

kryptys:

Dubenyje sumaišykite kiaulienos kotletus su sojų padažu ir sezamo aliejumi, išmeskite ir palikite 10 minučių pastovėti. Įjunkite „Instant Pot" kepimo režimą, sudėkite kiaulienos gabalėlius ir kepkite 5 minutes iš kiekvienos pusės. Įmaišykite svogūną ir kepkite dar 1-2 minutes. Sudėkite pomidorų pastą ir grybus, išmeskite, uždenkite ir virkite ant ugnies 8–9 minutes. Viską sudėkite į lėkštes ir patiekite. Mėgautis!

Mityba (100 g): 300 kalorijų 7 g riebalų 18 g angliavandenių 4 g baltymų 801 mg natrio

Vištiena su kaparėlių padažu

Paruošimo laikas: 10 minučių
maisto gaminimo metas: 18 minučių
Porcijos: 5
Sunkumas: sunkus D

Ingridientai:

- <u>Vištienai:</u>
- 2 kiaušiniai
- Druskos ir maltų juodųjų pipirų pagal poreikį
- 1 puodelis sausų džiūvėsėlių
- 2 šaukštai alyvuogių aliejaus
- 1½ svaro vištienos krūtinėlės puselės be odos, be kaulų, sumuštos iki colio storio ir supjaustytos gabalėliais
- <u>Kaparėlių padažui:</u>
- 3 šaukštai kaparėlių
- ½ puodelio sauso baltojo vyno
- 3 šaukštai šviežių citrinų sulčių citrinos
- Druskos ir maltų juodųjų pipirų pagal poreikį
- 2 šaukštai šviežių petražolių, kapotų

kryptys:

Vištienai: Į negilų dubenį įmuškite kiaušinius, druską, juoduosius pipirus ir plakite, kol gerai susimaišys. Į kitą negilų dubenį suberkite džiūvėsėlius. Vištienos gabaliukus pamirkykite kiaušinių mišinyje, tada tolygiai aptepkite džiūvėsėliais. Nukratykite džiūvėsėlių perteklių.

Įkaitinkite aliejų ant vidutinės-stiprios ugnies ir kepkite vištienos gabalėlius apie 5-7 minutes iš kiekvienos pusės arba kol pagels. Naudodami kiaurasamtį vištienos gabalėlius dėkite į virtuviniu popieriumi išklotą lėkštę. Vištienos gabalėlius uždenkite folijos gabalėliu, kad jie būtų šilti.

Į tą pačią keptuvę supilkite visus padažo ingredientus, išskyrus petražoles, ir virkite nuolat maišydami apie 2-3 minutes. Įmaišykite petražoles ir nukelkite nuo viryklės. Patiekite vištienos gabalėlius, užpiltus kaparėlių padažu.

Mityba (100 g): 352 kalorijos 13,5 g riebalų 1,9 g angliavandenių 1,2 g baltymų 741 mg natrio

Turkijos mėsainis su mangų salsa

Paruošimo laikas: 15 minučių
maisto gaminimo metas: 10 min
Porcijos: 6
Sunkumo lygis: Lengvas

Ingridientai:

- 1½ svaro maltos kalakutienos krūtinėlės
- 1 arbatinis šaukštelis jūros druskos, padalintas
- ¼ arbatinio šaukštelio šviežiai maltų juodųjų pipirų
- 2 šaukštai aukščiausios kokybės pirmojo spaudimo alyvuogių aliejaus
- 2 mangai, nulupti, išskobti ir supjaustyti kubeliais
- ½ raudonojo svogūno, smulkiai supjaustyto
- 1 laimo sultys
- 1 česnako skiltelė, susmulkinta
- ½ jalapeño pipirų, išskobtų ir smulkiai pjaustytų
- 2 šaukštai kapotų šviežių kalendros lapelių

kryptys:

Iš kalakutienos krūtinėlės suformuokite 4 paplotėlius ir pagardinkite ½ arbatinio šaukštelio jūros druskos ir pipirų. Nelipnioje keptuvėje įkaitinkite alyvuogių aliejų, kol suminkštės. Sudėkite kalakutienos paplotėlius ir kepkite, kol apskrus, maždaug 5 minutes iš kiekvienos pusės. Kol pyragėliai kepa, nedideliame dubenyje sumaišykite mangą, raudonąjį svogūną, žaliosios citrinos sultis, česnaką, jalapeño, kalendrą ir likusį ½ arbatinio šaukštelio jūros druskos. Supilkite salsą ant kalakutienos paplotėlių ir patiekite.

Mityba (100 g): 384 kalorijos 3 g riebalų 27 g angliavandenių 34 g baltymų 692 mg natrio

Žolelėse kepta kalakutienos krūtinėlė

Paruošimo laikas: 15 minučių

maisto gaminimo metas: 1½ valandos (plius 20 minučių poilsio laikas)

Porcijos: 6

Sunkumo lygis: Vidutinis

Ingridientai:

- 2 šaukštai aukščiausios kokybės pirmojo spaudimo alyvuogių aliejaus
- 4 česnako skiltelės, susmulkintos
- 1 citrinos žievelė
- 1 valgomasis šaukštas smulkintų šviežių čiobrelių lapelių
- 1 valgomasis šaukštas susmulkintų šviežių rozmarinų lapelių
- 2 šaukštai susmulkintų šviežių itališkų petražolių lapelių
- 1 arbatinis šaukštelis maltų garstyčių
- 1 arbatinis šaukštelis jūros druskos
- ¼ arbatinio šaukštelio šviežiai maltų juodųjų pipirų
- 1 (6 svarai) kalakutienos krūtinėlė be kaulų su oda
- 1 puodelis sauso baltojo vyno

kryptys:

Įkaitinkite orkaitę iki 325 ° F. Sumaišykite alyvuogių aliejų, česnaką, citrinos žievelę, čiobrelius, rozmariną, petražoles, garstyčias, jūros druską ir pipirus. Žolelių mišiniu tolygiai paskleiskite kalakuto krūtinėlę, atlaisvinkite odą ir taip pat įtrinkite apačią. Kalakutienos krūtinėlę odele į viršų sudėkite į kepimo skardą ant grotelių.

Į keptuvę supilkite vyną. Kepkite, kol kalakutiena pasieks vidinę 165 laipsnių F temperatūrą, nuo 1 iki 1,5 valandos. Išimkite iš orkaitės ir prieš pjaustydami 20 minučių atskirai palaikykite šiltai su aliuminio folija.

Mityba (100 g): 392 kalorijos 1 g riebalų 2 g angliavandenių 84 g baltymų 741 mg natrio

Vištienos dešra ir pipirai

Paruošimo laikas: 10 minučių
maisto gaminimo metas: 20 minučių
Porcijos: 6
Sunkumo lygis: Vidutinis

Ingridientai:

- 2 šaukštai aukščiausios kokybės pirmojo spaudimo alyvuogių aliejaus
- 6 Itališkos vištienos dešros nuorodos
- 1 svogūnas
- 1 raudona paprika
- 1 žalioji paprika
- 3 česnako skiltelės, susmulkintos
- ½ puodelio sauso baltojo vyno
- ½ arbatinio šaukštelio jūros druskos
- ¼ arbatinio šaukštelio šviežiai maltų juodųjų pipirų
- Žiupsnelis raudonųjų pipirų dribsnių

kryptys:

Didelėje keptuvėje įkaitinkite alyvuogių aliejų, kol suminkštės. Sudėkite dešreles ir 5–7 minutes kepkite, retkarčiais apversdami, kol paruduos ir pasieks 165 °F temperatūrą. Žnyplėmis išimkite dešrą iš keptuvės ir laikykite šiltai ant lėkštės, padengtos aliuminio folija.

Užkelkite keptuvę ant viryklės ir sumaišykite svogūną, raudonąją ir žaliąją papriką. Virkite, retkarčiais pamaišydami, kol daržovės pradės ruduoti. Suberkite česnaką ir kepkite 30 sekundžių nuolat maišydami.

Įmaišykite vyną, jūros druską, pipirus ir raudonųjų pipirų dribsnius. Iš keptuvės dugno ištraukite visus paruduvusius gabaliukus ir sulenkite. Virkite maišydami dar 4 minutes, kol skysčio sumažės per pusę. Paprikas išbarstykite ant dešrelių ir patiekite.

Mityba (100 g): 173 kalorijos 1 g riebalų 6 g angliavandenių 22 g baltymų 582 mg natrio

Vištiena Piccata

Paruošimo laikas: 10 minučių
maisto gaminimo metas: 15 minučių
Porcijos: 6
Sunkumo lygis: Vidutinis

Ingridientai:

- ½ stiklinės viso grūdo miltų
- ½ arbatinio šaukštelio jūros druskos
- 1/8 arbatinio šaukštelio šviežiai maltų juodųjų pipirų
- 1½ svaro vištienos krūtinėlės, supjaustytos į 6 dalis
- 3 šaukštai aukščiausios kokybės pirmojo spaudimo alyvuogių aliejaus
- 1 puodelis nesūdyto vištienos sultinio
- ½ puodelio sauso baltojo vyno
- 1 citrinos sultys
- 1 citrinos žievelė
- ¼ puodelio kaparėlių, nusausinti ir nuplauti
- ¼ puodelio kapotų šviežių petražolių lapelių

kryptys:

Sekliame dubenyje sumaišykite miltus, jūros druską ir pipirus. Vištieną šukuokite miltuose ir nusausinkite perteklių. Virkite alyvuogių aliejų, kol suminkštės.

Įdėkite vištieną ir kepkite, kol paruduos, maždaug 4 minutes iš kiekvienos pusės. Vištieną išimkite iš keptuvės ir atidėkite į šalį, uždenkite aliuminio folija, kad sušiltų.

Grąžinkite keptuvę ant ugnies ir įmaišykite sultinį, vyną, citrinos sultis, citrinos žievelę ir kaparėlius. Naudodami šaukšto šoną, iš keptuvės apačios užlenkite visus paruduvusius gabaliukus. Troškinkite, kol skystis sutirštės. Nuimkite keptuvę nuo ugnies ir vėl įdėkite vištieną į keptuvę. Pasukite į paltą. Įmaišykite petražoles ir patiekite.

Mityba (100 g): 153 kalorijos 2 g riebalų 9 g angliavandenių 8 g baltymų 692 mg natrio

Toskanos vištiena keptuvėje

Paruošimo laikas: 10 minučių
maisto gaminimo metas: 25 minutes
Porcijos: 6
Sunkumas: sunkus D

Ingridientai:

- ¼ puodelio aukščiausios kokybės pirmojo spaudimo alyvuogių aliejaus, padalintas
- 1 svaras vištienos krūtinėlės be kaulų, be odos, supjaustytos colių gabalėliais
- 1 svogūnas, susmulkintas
- 1 raudona paprika, susmulkinta
- 3 česnako skiltelės, susmulkintos
- ½ puodelio sauso baltojo vyno
- 1 (14 uncijų) skardinė trintų pomidorų, nenusausintų
- 1 (14 uncijų) skardinė pjaustytų pomidorų, nusausintų
- 1 (14 uncijų) skardinė pupelių, nusausintų
- 1 valgomasis šaukštas džiovintų itališkų prieskonių
- ½ arbatinio šaukštelio jūros druskos
- 1/8 arbatinio šaukštelio šviežiai maltų juodųjų pipirų
- 1/8 arbatinio šaukštelio raudonųjų pipirų dribsnių
- ¼ puodelio kapotų šviežių baziliko lapelių

kryptys:

Virkite 2 šaukštus alyvuogių aliejaus, kol suminkštės. Įmaišykite vištieną ir kepkite iki rudos spalvos. Vištieną išimkite iš keptuvės ir laikykite šiltai ant lėkštės, padengtos aliuminio folija.

Vėl uždėkite keptuvę ant ugnies ir įkaitinkite likusį alyvuogių aliejų. Sudėkite svogūną ir raudonąją papriką. Virkite, retai maišydami, kol daržovės suminkštės. Suberkite česnaką ir kepkite 30 sekundžių nuolat maišydami.

Įmaišykite vyną ir šaukšto šone pašalinkite visus rudus gabalėlius nuo keptuvės dugno. Maišydami virkite 1 minutę.

Sumaišykite sutrintus ir susmulkintus pomidorus, pupeles, itališkus prieskonius, jūros druską, pipirus ir raudonųjų pipirų dribsnius. Troškinti. Virkite 5 minutes, retkarčiais pamaišydami.

Vištieną ir visas susikaupusias sultis grąžinkite į keptuvę. Kepkite, kol vištiena iškeps. Nukelkite nuo ugnies ir prieš patiekdami įmaišykite baziliką.

Mityba (100 g): 271 kalorija 8 g riebalų 29 g angliavandenių 14 g baltymų 596 mg natrio

Vištiena Kapama

Paruošimo laikas: 10 minučių
Virimo laikas: 2 valandos
Porcijos: 4
Sunkumo lygis: Vidutinis

Ingridientai:

- 1 (32 uncijos) skardinė pjaustytų pomidorų, nusausintų
- ¼ puodelio sauso baltojo vyno
- 2 šaukštai pomidorų pastos
- 3 šaukštai aukščiausios kokybės pirmojo spaudimo alyvuogių aliejaus
- ¼ arbatinio šaukštelio raudonųjų pipirų dribsnių
- 1 arbatinis šaukštelis maltų kvapiųjų pipirų
- ½ arbatinio šaukštelio džiovinto raudonėlio
- 2 sveiki gvazdikėliai
- 1 cinamono lazdelė
- ½ arbatinio šaukštelio jūros druskos
- 1/8 arbatinio šaukštelio šviežiai maltų juodųjų pipirų
- 4 vištienos krūtinėlės puselės be kaulų be odos

kryptys:

Dideliame puode sumaišykite pomidorus, vyną, pomidorų pastą, alyvuogių aliejų, raudonųjų pipirų dribsnius, kvapiuosius pipirus, raudonėlį, gvazdikėlius, cinamono lazdelę, jūros druską ir pipirus. Užvirinkite, retkarčiais pamaišydami. Troškinkite 30 minučių, retkarčiais pamaišydami. Iš padažo išimkite ir išmeskite visas gvazdikėles bei cinamono lazdelę ir leiskite padažui atvėsti.

Įkaitinkite orkaitę iki 350°F. Įdėkite vištieną į 9 x 13 colių troškinimo indą. Padažą užpilkite ant vištienos ir uždenkite keptuvę aliuminio folija. Tęskite kepimą, kol vidinė temperatūra pasieks 165 ° F.

Mityba (100 g): 220 kalorijų 3 g riebalų 11 g angliavandenių 8 g baltymų 923 mg natrio

Vištienos krūtinėlė įdaryta špinatais ir feta

Paruošimo laikas: 10 minučių
maisto gaminimo metas: 45 minutes
Porcijos: 4
Sunkumo lygis: Vidutinis

Ingridientai:

- 2 šaukštai aukščiausios kokybės pirmojo spaudimo alyvuogių aliejaus
- 1 svaras šviežių kūdikių špinatų
- 3 česnako skiltelės, susmulkintos
- 1 citrinos žievelė
- ½ arbatinio šaukštelio jūros druskos
- 1/8 arbatinio šaukštelio šviežiai maltų juodųjų pipirų
- ½ puodelio trupinto fetos sūrio
- 4 vištienos krūtinėlės be kaulų, be odos

kryptys:

Įkaitinkite orkaitę iki 350°F. Virkite alyvuogių aliejų ant vidutinės ugnies, kol suminkštės. Sudėkite špinatus. Tęskite virti ir maišykite, kol suminkštės.

Įmaišykite česnaką, citrinos žievelę, jūros druską ir pipirus. Virkite 30 sekundžių, nuolat maišydami. Leiskite šiek tiek atvėsti ir įmaišykite sūrį.

Špinatų ir sūrio mišinį tolygiai paskirstykite ant vištienos gabaliukų ir apvoliokite krūtinėlę aplink įdarą. Laikykite sandariai uždarytą dantų krapštukais arba mėsinės virvele. Sudėkite krūtinę į 9 x 13 colių troškinimo indą ir kepkite 30–40 minučių arba tol, kol vištienos vidinė temperatūra pasieks 165 F. Išimkite iš orkaitės ir leiskite pailsėti 5 minutes prieš pjaustydami ir patiekdami.

Mityba (100 g): 263 kalorijos 3 g riebalų 7 g angliavandenių 17 g baltymų 639 mg natrio

Rozmarinuose keptos vištienos kojos

Paruošimo laikas: 5 minutės

Virimo laikas: 1 val

Porcijos: 6

Sunkumo lygis: Lengvas

Ingridientai:

- 2 šaukštai susmulkintų šviežių rozmarinų lapelių
- 1 arbatinis šaukštelis česnako miltelių
- ½ arbatinio šaukštelio jūros druskos
- 1/8 arbatinio šaukštelio šviežiai maltų juodųjų pipirų
- 1 citrinos žievelė
- 12 vištienos kulšelių

kryptys:

Įkaitinkite orkaitę iki 350°F. Sumaišykite rozmariną, česnako miltelius, jūros druską, pipirus ir citrinos žievelę.

Įdėkite blauzdeles į 9" x 13" kepimo indą ir pabarstykite rozmarinų mišiniu. Kepkite, kol vištiena pasieks vidinę 165 °F temperatūrą.

Mityba (100 g): 163 kalorijos 1 g riebalų 2 g angliavandenių 26 g baltymų 633 mg natrio

Vištiena su svogūnais, bulvėmis, figomis ir morkomis

Paruošimo laikas: 5 minutės
maisto gaminimo metas: 45 minutes
Porcijos: 4
Sunkumo lygis: Vidutinis

Ingridientai:

- 2 puodeliai pjaustytų bulvių, perpjautų per pusę
- 4 šviežios figos, supjaustytos ketvirčiais
- 2 morkos, sūdytos
- 2 šaukštai aukščiausios kokybės pirmojo spaudimo alyvuogių aliejaus
- 1 arbatinis šaukštelis jūros druskos, padalintas
- ¼ arbatinio šaukštelio šviežiai maltų juodųjų pipirų
- 4 vištienos šlaunelių ketvirčiai
- 2 šaukštai susmulkintų šviežių petražolių lapelių

kryptys:

Įkaitinkite orkaitę iki 425°C. Mažame dubenyje supilkite bulves, figas ir morkas su alyvuogių aliejumi, ½ arbatinio šaukštelio jūros druskos ir pipirų. Paskleiskite į 9 x 13 colių troškinimo indą.

Vištieną pagardinkite likusia t jūros druska. Sudėkite ant daržovių. Kepkite, kol daržovės suminkštės, o vištiena pasieks 165°F vidinę temperatūrą. Pabarstykite petražolėmis ir patiekite.

Mityba (100 g): 429 kalorijos 4 g riebalų 27 g angliavandenių 52 g baltymų 581 mg natrio

Vištienos giroskopas su tzatziki

Paruošimo laikas: 15 minučių

maisto gaminimo metas: 1 valanda ir 20 minučių

Porcijos: 6

Sunkumo lygis: Vidutinis

Ingridientai:

- 1 svaras maltos vištienos krūtinėlės
- 1 sutarkuotas svogūnas, išsuktas su vandens pertekliumi
- 2 šaukštai džiovintų rozmarinų
- 1 valgomasis šaukštas džiovintų mairūnų
- 6 česnako skiltelės, susmulkintos
- ½ arbatinio šaukštelio jūros druskos
- ¼ arbatinio šaukštelio šviežiai maltų juodųjų pipirų
- Tzatziki padažas

kryptys:

Įkaitinkite orkaitę iki 350°F. Virtuvės kombainu sumaišykite vištieną, svogūną, rozmariną, mairūną, česnaką, jūros druską ir pipirus. Maišykite, kol susidarys pasta. Arba gerai išmaišykite šiuos ingredientus dubenyje (žr. paruošimo patarimą).

Suspauskite mišinį į kepimo formą. Kepkite, kol pasieks 165 laipsnių vidinę temperatūrą. Išimkite iš orkaitės ir leiskite pailsėti 20 minučių prieš pjaustydami.

Supjaustykite giroskopą ir užpilkite tzatziki padažu.

Mityba (100 g): 289 kalorijos 1 g riebalų 20 g angliavandenių 50 g baltymų 622 mg natrio

mussaka

Paruošimo laikas: 10 minučių
maisto gaminimo metas: 45 minutes
Porcijos: 8
Sunkumas: sunkus D

Ingridientai:

- 5 šaukštai aukščiausios kokybės pirmojo spaudimo alyvuogių aliejaus, padalinti
- 1 baklažanas, griežinėliais (nuluptas)
- 1 svogūnas, susmulkintas
- 1 žalia paprika, išskobta ir susmulkinta
- 1 svaras maltos kalakutienos
- 3 česnako skiltelės, susmulkintos
- 2 šaukštai pomidorų pastos
- 1 (14 uncijų) skardinė pjaustytų pomidorų, nusausintų
- 1 valgomasis šaukštas itališkų prieskonių
- 2 arbatiniai šaukšteliai Worcestershire padažo
- 1 arbatinis šaukštelis džiovintų raudonėlių
- ½ arbatinio šaukštelio malto cinamono
- 1 puodelis nesaldinto neriebaus paprasto graikiško jogurto
- 1 kiaušinis, sumuštas
- ¼ arbatinio šaukštelio šviežiai maltų juodųjų pipirų
- ¼ arbatinio šaukštelio malto muskato riešuto
- ¼ puodelio tarkuoto parmezano sūrio

- 2 šaukštai susmulkintų šviežių petražolių lapelių

kryptys:

Įkaitinkite orkaitę iki 400°C. Virkite 3 šaukštus alyvuogių aliejaus, kol suminkštės. Sudėkite baklažano griežinėlius ir pakepinkite 3–4 minutes iš kiekvienos pusės. Perkelkite ant virtuvinio popieriaus, kad nuvarvėtų.

Vėl uždėkite keptuvę ant ugnies ir supilkite likusius 2 šaukštus alyvuogių aliejaus. Sudėkite svogūną ir žaliąją papriką. Kepkite toliau, kol daržovės suminkštės. Išimkite iš keptuvės ir atidėkite į šalį.

Padėkite keptuvę ant ugnies ir įmaišykite kalakutieną. Kepkite apie 5 minutes, sutrinkite šaukštu, kol apskrus. Įmaišykite česnaką ir nuolat maišydami pakepinkite 30 sekundžių.

Įmaišykite pomidorų pastą, pomidorus, itališkus prieskonius, Worcestershire padažą, raudonėlį ir cinamoną. Svogūną ir papriką grąžinkite į keptuvę. Virkite 5 minutes maišydami. Sumaišykite jogurtą, kiaušinį, pipirus, muskato riešutą ir sūrį.

Pusę mėsos mišinio sudėkite į 9 x 13 colių troškinimo indą. Ant viršaus uždėkite pusę baklažano. Sudėkite likusį mėsos mišinį ir likusį baklažaną. Aptepkite jogurto mišiniu. Kepkite iki auksinės rudos spalvos. Papuoškite petražolėmis ir patiekite.

Mityba (100 g): 338 kalorijos 5 g riebalų 16 g angliavandenių 28 g baltymų 569 mg natrio

Kiaulienos nugarinė iš Dižono ir žolelės

Paruošimo laikas: 10 minučių

maisto gaminimo metas: 30 minučių

Porcijos: 6

Sunkumo lygis: Vidutinis

Ingridientai:

- ½ puodelio susmulkintų šviežių itališkų petražolių lapelių
- 3 šaukštai šviežių rozmarinų lapų, susmulkintų
- 3 šaukštai šviežių čiobrelių lapų, susmulkintų
- 3 šaukštai Dižono garstyčių
- 1 valgomasis šaukštas aukščiausios kokybės pirmojo spaudimo alyvuogių aliejaus
- 4 česnako skiltelės, susmulkintos
- ½ arbatinio šaukštelio jūros druskos
- ¼ arbatinio šaukštelio šviežiai maltų juodųjų pipirų
- 1 (1½ svaro) kiaulienos nugarinės

kryptys:

Įkaitinkite orkaitę iki 400°C. Sumaišykite petražoles, rozmarinus, čiobrelius, garstyčias, alyvuogių aliejų, česnaką, jūros druską ir pipirus. Plakite tolygiai apie 30 sekundžių. Mišinį tolygiai paskirstykite ant kiaulienos ir padėkite ant kepimo skardos.

Kepkite, kol mėsa pasieks vidinę 140 °F temperatūrą. Išimkite iš orkaitės ir palikite pailsėti 10 minučių prieš pjaustydami ir patiekdami.

Mityba (100 g): 393 kalorijos 3 g riebalų 5 g angliavandenių 74 g baltymų 697 mg natrio

Kepsnys su raudonojo vyno grybų padažu

pasiruošimo laikas: Minutės plius 8 valandos marinavimui

maisto gaminimo metas: 20 minučių

Porcijos: 4

Sunkumas: sunkus D

Ingridientai:

- Marinatui ir kepsniui
- 1 puodelis sauso raudonojo vyno
- 3 česnako skiltelės, susmulkintos
- 2 šaukštai aukščiausios kokybės pirmojo spaudimo alyvuogių aliejaus
- 1 valgomasis šaukštas mažai natrio turinčio sojos padažo
- 1 valgomasis šaukštas džiovintų čiobrelių
- 1 arbatinis šaukštelis Dižono garstyčių
- 2 šaukštai aukščiausios kokybės pirmojo spaudimo alyvuogių aliejaus
- 1–1½ svaro sijono kepsnio, plokščio geležies kepsnio arba kepsnio su trimis antgaliais
- Grybų padažui
- 2 šaukštai aukščiausios kokybės pirmojo spaudimo alyvuogių aliejaus
- 1 svaras cremini grybų, supjaustytų ketvirčiais
- ½ arbatinio šaukštelio jūros druskos

- 1 arbatinis šaukštelis džiovintų čiobrelių
- 1/8 arbatinio šaukštelio šviežiai maltų juodųjų pipirų
- 2 česnako skiltelės, susmulkintos
- 1 puodelis sauso raudonojo vyno

kryptys:

Marinatui ir kepsniui

Nedideliame dubenyje suplakite vyną, česnaką, alyvuogių aliejų, sojos padažą, čiobrelius ir garstyčias. Įdėkite į uždaromą maišelį ir sudėkite kepsnį. Padėkite kepsnį šaldytuve 4–8 valandoms, kad pasimarinuotų. Išimkite kepsnį iš marinato ir nusausinkite popieriniais rankšluosčiais.

Didelėje keptuvėje įkaitinkite alyvuogių aliejų, kol suminkštės.

Įdėkite kepsnį ir kepkite, kol iš abiejų pusių giliai apskrus, o kepsnys pasieks 140 °F vidinę temperatūrą, maždaug 4 minutes kiekvienoje pusėje. Išimkite kepsnį iš keptuvės ir padėkite ant lėkštės, padengtos aliuminio folija, kad sušiltų, kol ruošite grybų padažą.

Kai grybų padažas bus paruoštas, supjaustykite kepsnį nuo grūdelių ½ colio griežinėliais.

Grybų padažui

Toje pačioje keptuvėje ant vidutinės ugnies užvirinkite aliejų. Suberkite grybus, jūros druską, čiobrelius ir pipirus. Kepkite, labai retai maišydami, kol grybai paruduos, 6 minutes.

Apkepkite česnaką. Įmaišykite vyną ir medinio šaukšto šonu pašalinkite apkepusius gabalėlius nuo keptuvės dugno. Virkite, kol skysčio sumažės per pusę. Patiekite grybus šaukštu ant kepsnio.

Mityba (100 g): 405 kalorijos 5 g riebalų 7 g angliavandenių 33 g baltymų 842 mg natrio

Graikiški kotletai

Paruošimo laikas: 20 minučių
maisto gaminimo metas: 25 minutes
Porcijos: 4
Sunkumo lygis: Vidutinis

Ingridientai:

- 2 riekelės viso grūdo duonos
- 1¼ svaro maltos kalakutienos
- 1 kiaušinis
- ¼ puodelio pagardintų nesmulkintų kviečių džiūvėsėlių
- 3 česnako skiltelės, susmulkintos
- ¼ raudonojo svogūno, sutarkuoto
- ¼ puodelio kapotų šviežių itališkų petražolių lapelių
- 2 šaukštai kapotų šviežių mėtų lapelių
- 2 šaukštai kapotų šviežių raudonėlio lapų
- ½ arbatinio šaukštelio jūros druskos
- ¼ arbatinio šaukštelio šviežiai maltų juodųjų pipirų

kryptys:

Įkaitinkite orkaitę iki 350°F. Ant kepimo skardos padėkite pergamentinį popierių arba aliuminio foliją. Paleiskite duoną po vandeniu, kad ji sudrėkintų, ir išspauskite duonos perteklių. Supjaustykite šlapią duoną į mažus gabalėlius ir sudėkite į vidutinį dubenį.

Įdėkite kalakutą, kiaušinį, džiūvėsėlius, česnaką, raudonąjį svogūną, petražoles, mėtas, raudonėlį, jūros druską ir pipirus. Gerai ismaisyti. Iš mišinio suformuokite 1/4 puodelio rutuliukus. Sudėkite kotletus ant paruošto lakšto ir kepkite apie 25 minutes arba kol vidinė temperatūra pasieks 165°F.

Mityba (100 g): 350 kalorijų 6 g riebalų 10 g angliavandenių 42 g baltymų 842 mg natrio

Ėriena su pupelėmis

Paruošimo laikas: 10 minučių

Virimo laikas: 1 val

Porcijos: 6

Sunkumas: sunkus D

Ingridientai:

- ¼ puodelio aukščiausios kokybės pirmojo spaudimo alyvuogių aliejaus, padalintas
- 6 ėrienos gabalėliai, nupjauti papildomais riebalais
- 1 arbatinis šaukštelis jūros druskos, padalintas
- ½ arbatinio šaukštelio šviežiai maltų juodųjų pipirų
- 2 šaukštai pomidorų pastos
- 1½ stiklinės karšto vandens
- 1 svaras šparaginių pupelių, nupjautų ir perpjautų per pusę skersai
- 1 svogūnas, susmulkintas
- 2 pomidorai, supjaustyti

kryptys:

Didelėje keptuvėje kepkite 2 šaukštus alyvuogių aliejaus, kol suminkštės. Avienos kotletus pagardinkite ½ arbatinio šaukštelio jūros druskos ir 1/8 arbatinio šaukštelio pipirų. Avieną apkepkite karštame aliejuje maždaug 4 minutes iš kiekvienos pusės, kol apskrus iš abiejų pusių. Padėkite mėsą ant lėkštės ir atidėkite.

Vėl uždėkite keptuvę ant ugnies ir įpilkite likusius 2 šaukštus alyvuogių aliejaus. Kaitinkite, kol suminkštės.

Dubenyje karštame vandenyje ištirpinkite pomidorų pastą. Įdėkite į karštą keptuvę kartu su šparaginėmis pupelėmis, svogūnais, pomidorais ir likusiais ½ arbatinio šaukštelio jūros druskos ir ¼ arbatinio šaukštelio pipirų. Užvirinkite ir šaukšto šonu nubraukite nuo keptuvės dugno apkepusius gabaliukus.

Avienos kotletus grąžinkite į keptuvę. Užvirinkite ir sumažinkite ugnį iki vidutinės-mažos. Troškinkite 45 minutes, kol pupelės suminkštės, prireikus įpilkite vandens, kad padažo tirštumas būtų reguliuojamas.

Mityba (100 g): 439 kalorijos 4 g riebalų 10 g angliavandenių 50 g baltymų 745 mg natrio

Vištiena pomidorų balzamiko padaže

Paruošimo laikas: 10 minučių
maisto gaminimo metas: 20 minučių
Porcijos: 4
Sunkumo lygis: Vidutinis

Ingridientai

- 2 (8 uncijos arba 226,7 g) vištienos krūtinėlės be kaulų
- ½ šaukštelio. druska-
- ½ šaukštelio. maltų pipirų
- 3 šaukštai. Pirmo spaudimo alyvuogių aliejus
- ½ c. perpus perpjautų vyšninių pomidoriukų
- 2 šaukštai. pjaustytų askaloninių česnakų
- ¼ c. balzamiko acto
- 1 šaukštelis. susmulkinto česnako
- 1 šaukštelis. skrudintų pankolių sėklų, susmulkintų
- 1 šaukštelis. sviesto

kryptys:

Vištienos krūtinėlę supjaustykite į 4 dalis ir plaktuku sutrinkite iki ¼ colio storio. Vištienai aptepti naudokite ¼ arbatinio šaukštelio pipirų ir druskos. Keptuvėje įkaitinkite du šaukštus aliejaus ir laikykite ant vidutinės ugnies. Vištienos krūtinėles apkepkite po tris minutes iš abiejų pusių. Dėkite ant serviravimo lėkštės ir uždenkite folija, kad būtų šilta.

Į keptuvę įpilkite 1 valgomąjį šaukštą aliejaus, askaloninius česnakus ir pomidorus ir kepkite, kol suminkštės. Įpilkite acto ir virkite mišinį, kol actas sumažės per pusę. Suberkite pankolio sėklas, česnaką, druską ir pipirus ir virkite apie keturias minutes. Nukelkite nuo viryklės ir sumaišykite su sviestu. Šiuo padažu užpilkite vištieną ir patiekite.

Mityba (100 g): 294 kalorijos 17 g riebalų 10 g angliavandenių 2 g baltymų 639 mg natrio

Rudieji ryžiai, feta, švieži žirneliai ir mėtų salotos

Paruošimo laikas: 10 minučių
maisto gaminimo metas: 25 minutes
Porcijos: 4
Sunkumo lygis: Lengvas

Ingridientai:

- 2 c. rudieji ryžiai
- 3 c. Vanduo
- Druska
- 5 uncijos. arba 141,7 g trupinto fetos sūrio
- 2 c. virtų žirnių
- ½ c. kapotų mėtų, šviežių
- 2 šaukštai. alyvuogių aliejus
- druskos ir pipirų

kryptys:

Ruduosius ryžius, vandenį ir druską sudėkite į puodą ant vidutinės ugnies, uždenkite ir užvirkite. Sumažinkite žemesnę ugnį ir leiskite virti, kol vanduo ištirps ir ryžiai taps minkšti, bet kramtomi. Palikite visiškai atvėsti

Į salotų dubenį su atvėsintais ryžiais sudėkite fetą, žirnelius, mėtas, alyvuogių aliejų, druską ir pipirus ir išmaišykite. Patiekite ir mėgaukitės!

Mityba (100 g): 613 kalorijų 18,2 g riebalų 45 g angliavandenių 12 g baltymų 755 mg natrio

Pilno grūdo pita duona, užpildyta alyvuogėmis ir avinžirniais

Paruošimo laikas: 10 minučių
maisto gaminimo metas: 20 minučių
Porcijos: 2
Sunkumo lygis: Vidutinis

Ingridientai:

- 2 pilno grūdo pita kišenės
- 2 šaukštai. alyvuogių aliejus
- 2 česnako skiltelės, susmulkintos
- 1 svogūnas, susmulkintas
- ½ šaukštelio. kmynų
- 10 juodųjų alyvuogių, susmulkintų
- 2 c. virti avinžirniai
- druskos ir pipirų

kryptys:

Supjaustykite pita kišenes ir atidėkite į šalį. Uždėkite ugnį ant vidutinio stiprumo ir įdėkite keptuvę. Įpilkite alyvuogių aliejaus ir pakaitinkite. Į karštą keptuvę suberkite česnaką, svogūną ir kmynus ir maišykite, kol svogūnai suminkštės, o kmynai taps kvapnūs. Suberkite alyvuoges, avinžirnius, druską ir pipirus ir maišykite, kol avinžirniai taps auksinės spalvos

Nukelkite keptuvę nuo ugnies ir mediniu šaukštu grubiai sutrinkite avinžirnius, palikdami vienus sveikus, o kitus sutrintus. Pašildykite pita kišenes mikrobangų krosnelėje, orkaitėje arba švarioje keptuvėje ant viryklės

Užpildykite juos savo avinžirnių mišiniu ir mėgaukitės!

Mityba (100 g): 503 kalorijos 19 g riebalų 14 g angliavandenių 15,7 g baltymų 798 mg natrio

Skrudintos morkos su graikiniais riešutais ir cannellini pupelėmis

Paruošimo laikas: 10 minučių
maisto gaminimo metas: 45 minutes
Porcijos: 4
Sunkumo lygis: Vidutinis

Ingridientai:

- 4 nuluptos morkos, susmulkintos
- 1 c. graikiniai riešutai
- 1 šaukštelis. Medus
- 2 šaukštai. alyvuogių aliejus
- 2 c. Cannellini pupelės, nusausintos
- 1 šviežia čiobrelio šakelė
- druskos ir pipirų

kryptys:

Įkaitinkite orkaitę iki 400 F/204 C ir kepimo skardą arba kepimo skardą išklokite pergamentiniu popieriumi. Morkas ir graikinius riešutus sudėkite ant kepimo popieriumi išklotos skardos arba keptuvės. Morkas ir graikinius riešutus apšlakstykite alyvuogių aliejumi ir medumi, patrinkite, kad kiekvienas gabaliukas būtų padengtas. Išbarstykite pupeles. ant padėklo ir įdėkite į morkas bei graikinius riešutus

Suberkite čiobrelius ir viską pabarstykite druska bei pipirais. Įdėkite skardą į orkaitę ir kepkite apie 40 minučių.

Patiekite ir mėgaukitės

Mityba (100 g): 385 kalorijos 27 g riebalų 6 g angliavandenių 18 g baltymų 859 mg natrio

Pagardinta sviestine vištiena

Paruošimo laikas: 10 minučių
maisto gaminimo metas: 25 minutes
Porcijos: 4
Sunkumo lygis: Vidutinis

Ingridientai:

- ½ c. Riebi plakta grietinėlė
- 1 šaukštelis. Druska
- ½ c. kaulų sultinio
- 1 šaukštelis. pipirų
- 4 valg. sviesto
- 4 vištienos krūtinėlės pusės

kryptys:

Padėkite keptuvę ant viryklės ant vidutinės-stiprios ugnies ir įdėkite šaukštą sviesto. Kai sviestas sušils ir ištirps, sudėkite vištieną ir kepkite iš abiejų pusių penkias minutes. Iki šio laiko pabaigos vištiena turi būti iškepusi ir auksinė; Jei taip, padėkite jį ant lėkštės.

Tada į šiltą keptuvę supilkite kaulų sultinį. Įpilkite stiprios plaktos grietinėlės, druskos ir pipirų. Tada palikite keptuvę ramybėje, kol padažas pradės virti. Palikite šį procesą penkias minutes, kad padažas sutirštėtų.

Galų gale į keptuvę sudėkite likusį sviestą ir vištieną. Šaukštu būtinai užpilkite padažą ant vištienos ir visiškai užgesinkite. Tarnauti

Mityba (100 g): 350 kalorijų 25 g riebalų 10 g angliavandenių 25 g baltymų 869 mg natrio

Dviguba sūrio šoninė vištiena

Paruošimo laikas: 10 minučių
maisto gaminimo metas: 30 minučių
Porcijos: 4
Sunkumo lygis: Lengvas

Ingridientai:

- 4 uncijos. arba 113g. sūrio kremas
- 1 c. Čedario sūris
- 8 juostelės šoninės
- jūros druska
- pipirų
- 2 česnako skiltelės, smulkiai pjaustytos
- Vištos krūtinėlė
- 1 šaukštelis. šoninės riebalų arba sviesto

kryptys:

Paruoškite orkaitę iki 400 F/204 C. Vištienos krūtinėles perpjaukite per pusę, kad suplonėtų

Pagardinkite druska, pipirais ir česnaku, sviestu patepkite troškinimo indą ir sudėkite į jį vištienos krūtinėlę. Ant krūtinėlių išbarstykite kreminį sūrį ir čederio sūrį

Taip pat sudėkite šoninės griežinėlius.Šaukite keptuvę į orkaitę 30 min.Patiekite karštą

Mityba (100 g):610 kalorijų 32 g riebalų 3 g angliavandenių 38 g baltymų 759 mg natrio

Krevetės su citrina ir pipirais

Paruošimo laikas: 10 minučių
maisto gaminimo metas: 10 min
Porcijos: 4
Sunkumo lygis: Lengvas

Ingridientai:

- 40 nuluptų krevečių
- 6 skiltelės česnako, susmulkintos
- druskos ir juodųjų pipirų
- 3 šaukštai. alyvuogių aliejus
- ¼ šaukštelio. saldžiosios paprikos
- Žiupsnelis grūstų raudonųjų pipirų dribsnių
- ¼ šaukštelio. tarkuotos citrinos žievelės
- 3 šaukštai. Šerio ar bet kokio kito vyno
- 1½ a.š. pjaustytų česnakų
- 1 citrinos sultys

kryptys:

Nustatykite vidutinę šilumą ir įdėkite keptuvę.

Įpilkite aliejaus ir krevetes, pabarstykite pipirais ir druska ir virkite 1 minutę. Suberkite papriką, česnaką ir pipirų dribsnius, išmaišykite ir virkite 1 minutę. Švelniai įmaišykite cheresą ir kepkite dar minutę

Nukelkite krevetes nuo ugnies, suberkite laiškinius česnakus ir citrinos žievelę, išmaišykite ir padalykite krevetes į lėkštes. Viską apšlakstykite citrinos sultimis ir patiekite

Mityba (100 g): 140 kalorijų 1 g riebalų 5 g angliavandenių 18 g baltymų 694 mg natrio

Keptas ir pagardintas otas

Paruošimo laikas: 5 minutės

maisto gaminimo metas: 25 minutes

Porcijos: 4

Sunkumo lygis: Lengvas

Ingridientai:

- ¼ c. pjaustytų šviežių česnakų
- ¼ c. smulkintų šviežių krapų
- ¼ šaukštelio. maltų juodųjų pipirų
- c. Panko duonos trupiniai
- 1 šaukštelis. Pirmo spaudimo alyvuogių aliejus
- 1 arbatinis šaukštelis. smulkiai tarkuotos citrinos žievelės
- 1 arbatinis šaukštelis. jūros druska
- 1/3 c. kapotų šviežių petražolių
- 4 (po 170 g) otų filė

kryptys:

Vidutiniame dubenyje sumaišykite alyvuogių aliejų ir likusius ingredientus, išskyrus otų filė ir džiūvėsėlius.

Į mišinį sudėkite otų filė ir marinuokite 30 minučių. Įkaitinkite orkaitę iki 400°F. Kepimo skardą išklokite folija ir sutepkite kepimo purškikliu. Filė pamerkite į džiūvėsėlius ir sudėkite ant kepimo skardos. Kepkite orkaitėje 20 minučių. Patiekite karštą

Mityba (100 g): 667 kalorijos 24,5 g riebalų 2 g angliavandenių 54,8 g baltymų 756 mg natrio

Paprasti zoodeliai

Paruošimo laikas: 10 minučių
maisto gaminimo metas: 5 minutės
Porcijos: 2
Sunkumo lygis: Lengvas

Ingridientai:

- 2 šaukštai avokadų aliejaus
- 2 vidutinės cukinijos, spiralizuotos
- ¼ arbatinio šaukštelio druskos
- Šviežiai malti juodieji pipirai, pagal skonį

kryptys:

Didelėje keptuvėje ant vidutinės-stiprios ugnies įkaitinkite avokadų aliejų, kol suminkštės. Į keptuvę įpilkite cukinijų makaronų, druskos ir juodųjų pipirų ir išmeskite, kad apsemtų. Virkite nuolat maišydami, kol suminkštės. Patiekite šiltą.

Mityba (100 g): 128 kalorijos 14 g riebalų 0,3 g angliavandenių 0,3 g baltymų 811 mg natrio

Lęšių pomidorų apykaklės įvyniojimai

Paruošimo laikas: 15 minučių

maisto gaminimo metas: 0 minučių

Porcijos: 4

Sunkumo lygis: Lengvas

Ingridientai:

- 2 puodeliai virtų lęšių
- 5 romų pomidorai, supjaustyti kubeliais
- ½ puodelio trupinto fetos sūrio
- 10 didelių šviežių baziliko lapelių, plonais griežinėliais
- ¼ puodelio aukščiausios kokybės pirmojo spaudimo alyvuogių aliejaus
- 1 valgomasis šaukštas balzamiko acto
- 2 česnako skiltelės, susmulkintos
- ½ arbatinio šaukštelio žalio medaus
- ½ arbatinio šaukštelio druskos
- ¼ arbatinio šaukštelio šviežiai maltų juodųjų pipirų
- 4 dideli kopūsto lapai, nuimti stiebai

kryptys:

Sumaišykite lęšius, pomidorus, sūrį, baziliko lapelius, alyvuogių aliejų, actą, česnaką, medų, druską ir juoduosius pipirus ir gerai išmaišykite.

Padėkite kopūstų lapus ant lygaus darbinio paviršiaus. Ant lapų kraštų uždėkite vienodus kiekius lęšių mišinio. Susukite ir perpjaukite pusiau, kad patiektumėte.

Mityba (100 g): 318 kalorijų 17,6 g riebalų 27,5 g angliavandenių 13,2 g baltymų 800 mg natrio

Viduržemio jūros daržovių dubuo

Paruošimo laikas: 10 minučių

maisto gaminimo metas: 20 minučių

Porcijos: 4

Sunkumo lygis: Vidutinis

Ingridientai:

- 2 puodeliai vandens
- 1 puodelis bulgur kviečių Nr. 3 arba quinoa, nuplautas
- 1½ šaukštelio druskos, padalinta
- 1 puslitras (2 puodeliai) vyšninių pomidorų, perpjautų per pusę
- 1 didelė paprika, susmulkinta
- 1 didelis agurkas, susmulkintas
- 1 puodelis Kalamata alyvuogių
- ½ puodelio šviežiai spaustų citrinų sulčių
- 1 puodelis aukščiausios kokybės pirmojo spaudimo alyvuogių aliejaus
- ½ arbatinio šaukštelio šviežiai maltų juodųjų pipirų

kryptys:

Vidutinio dydžio puode užvirinkite vandenį ant vidutinės-stiprios ugnies. Įpilkite bulguro (arba quinoa) ir 1 arbatinį šaukštelį druskos. Uždenkite ir virkite 15–20 minučių.

Norėdami išdėstyti daržoves 4 dubenyse, vizualiai padalinkite kiekvieną dubenį į 5 dalis. Išvirtą bulgurą sudėkite į vieną dalį. Sekite pomidorus, paprikas, agurkus ir alyvuoges.

Sumaišykite citrinos sultis, alyvuogių aliejų, likusį ½ šaukštelio druskos ir juodųjų pipirų.

Padažą tolygiai paskirstykite į 4 dubenėlius. Patiekite iš karto arba uždenkite ir šaldykite vėliau.

Mityba (100 g): 772 kalorijos 9 g riebalų 6 g baltymų 41 g angliavandenių 944 mg natrio

Apvyniokite ant grotelių keptomis daržovėmis ir humusu

Paruošimo laikas: 15 minučių
maisto gaminimo metas: 10 min
Porcijos: 6
Sunkumo lygis: Vidutinis

Ingridientai:

- 1 didelis baklažanas
- 1 didelis svogūnas
- ½ puodelio aukščiausios kokybės pirmojo spaudimo alyvuogių aliejaus
- 1 arbatinis šaukštelis druskos
- 6 lavašo įvyniojimai arba didelis paplotėlis
- 1 puodelis kreminio tradicinio humuso

kryptys:

Įkaitinkite grilį, didelę grilio keptuvę arba didelę, lengvai aliejumi pateptą keptuvę ant vidutinės-stiprios ugnies. Baklažaną ir svogūną supjaustykite apskritimais. Daržoves patepkite alyvuogių aliejumi ir pabarstykite druska.

Kepkite daržoves iš abiejų pusių, maždaug po 3–4 minutes kiekvienoje pusėje. Norėdami pagaminti įvyniojimą, padėkite lavašą arba pitą plokščiai. Į vyniotinį įdėkite apie 2 šaukštus humuso.

Daržoves tolygiai paskirstykite tarp įvyniojimų ir sudėkite išilgai vienos vyniotinės pusės. Švelniai sulenkite vyniotinį su daržovėmis, įkiškite ir sandariai suvyniokite.

Apvyniojančią siūlę padėkite puse žemyn ir perpjaukite per pusę arba trečdalius.

Kiekvieną sumuštinį taip pat galite apvynioti plastikine plėvele, kad jis išlaikytų savo formą ir būtų galima valgyti vėliau.

Mityba (100 g): 362 kalorijos 10 g riebalų 28 g angliavandenių 15 g baltymų 736 mg natrio

Ispanijos šparaginės pupelės

Paruošimo laikas: 10 minučių
maisto gaminimo metas: 20 minučių
Porcijos: 4
Sunkumo lygis: Lengvas

Ingridientai:

- ¼ puodelio aukščiausios kokybės pirmojo spaudimo alyvuogių aliejaus
- 1 didelis svogūnas, susmulkintas
- 4 česnako skiltelės, smulkiai pjaustytos
- 1 svaras šparaginių pupelių, šviežių arba šaldytų, apipjaustytų
- 1½ šaukštelio druskos, padalinta
- 1 (15 uncijų) skardinė pjaustytų pomidorų
- ½ arbatinio šaukštelio šviežiai maltų juodųjų pipirų

kryptys:

Įkaitinkite alyvuogių aliejų, svogūną ir česnaką; Virinama 1 minutę. Šparagines pupeles supjaustykite 2 colių gabalėliais. Į puodą suberkite šparagines pupeles ir 1 arbatinį šaukštelį druskos ir viską išmaišykite; Virinama 3 minutes. Į puodą suberkite kubeliais pjaustytus pomidorus, likusį ½ arbatinio šaukštelio druskos ir juodųjų pipirų; virkite dar 12 minučių, retkarčiais pamaišydami. Patiekite šiltą.

Mityba (100 g): 200 kalorijų 12 g riebalų 18 g angliavandenių 4 g baltymų 639 mg natrio

Kaimiškas žiedinių kopūstų ir morkų maišas

Paruošimo laikas: 10 minučių
maisto gaminimo metas: 10 min
Porcijos: 4
Sunkumo lygis: Lengvas

Ingridientai:

- 3 šaukštai aukščiausios kokybės pirmojo spaudimo alyvuogių aliejaus
- 1 didelis svogūnas, susmulkintas
- 1 valgomasis šaukštas česnako, susmulkintas
- 2 stiklinės morkų, supjaustytų kubeliais
- 4 puodeliai žiedinio kopūsto gabalėlių, nuplauti
- 1 arbatinis šaukštelis druskos
- ½ arbatinio šaukštelio maltų kmynų

kryptys:

Kepkite alyvuogių aliejų, svogūną, česnaką ir morkas 3 minutes. Žiedinį kopūstą supjaustykite 1 colio arba kąsnio dydžio gabalėliais. Į keptuvę suberkite žiedinį kopūstą, druską, kmynus ir sumaišykite su morkomis bei svogūnais.

Uždenkite ir virkite 3 minutes. Sudėkite daržoves ir kepkite dar 3–4 minutes. Patiekite šiltą.

Mityba (100 g): 159 kalorijų 17 g riebalų 15 g angliavandenių 3 g baltymų 569 mg natrio

Skrudinti žiediniai kopūstai ir pomidorai

Paruošimo laikas: 5 minutės

maisto gaminimo metas: 25 minutes

Porcijos: 4

Sunkumo lygis: Vidutinis

Ingridientai:

- 4 puodeliai žiedinių kopūstų, supjaustyti 1 colio gabalėliais
- 6 šaukštai aukščiausios kokybės pirmojo spaudimo alyvuogių aliejaus, padalinti
- 1 arbatinis šaukštelis druskos, padalintas
- 4 puodeliai vyšninių pomidorų
- ½ arbatinio šaukštelio šviežiai maltų juodųjų pipirų
- ½ puodelio tarkuoto parmezano sūrio

kryptys:

Įkaitinkite orkaitę iki 425°C. Dideliame dubenyje sumaišykite žiedinius kopūstus, 3 šaukštus alyvuogių aliejaus ir ½ arbatinio šaukštelio druskos ir tolygiai paskirstykite. Dėkite lygiu sluoksniu ant kepimo skardos.

Į kitą didelį dubenį sudėkite pomidorus, likusius 3 šaukštus alyvuogių aliejaus ir ½ arbatinio šaukštelio druskos ir tolygiai paskirstykite. Supilkite ant kitos kepimo skardos. Žiedinio kopūsto lapą ir pomidoro lapą paskrudinkite orkaitėje 17–20 minučių, kol žiedinis kopūstas lengvai paruduos, o pomidorai taps putlūs.

Mentele sudėkite žiedinį kopūstą į serviravimo dubenį ir ant viršaus užberkite pomidorų, juodųjų pipirų ir parmezano. Patiekite šiltą.

Mityba (100 g): 294 kalorijos 14 g riebalai 13 g angliavandeniai 9 g baltymai 493 mg natrio

Skrudintas gilių moliūgas

Paruošimo laikas: 10 minučių
maisto gaminimo metas: 35 minutes
Porcijos: 6
Sunkumo lygis: Vidutinis

Ingridientai:

- 2 gilės moliūgai, nuo vidutinio iki didelio
- 2 šaukštai aukščiausios kokybės pirmojo spaudimo alyvuogių aliejaus
- 1 arbatinis šaukštelis druskos, dar daugiau prieskoniams
- 5 šaukštai nesūdyto sviesto
- ¼ puodelio kapotų šalavijų lapų
- 2 šaukštai šviežių čiobrelių lapų
- ½ arbatinio šaukštelio šviežiai maltų juodųjų pipirų

kryptys:

Įkaitinkite orkaitę iki 400°C. Gilę moliūgą perpjaukite išilgai. Išskobkite sėklas ir horizontaliai supjaustykite colio storio griežinėliais. Dideliame dubenyje apšlakstykite moliūgą alyvuogių aliejumi, pabarstykite druska ir išmeskite, kad apsemtų.

Gilę moliūgą padėkite ant kepimo skardos. Dėkite ant kepimo skardos į orkaitę ir kepkite moliūgą 20 minučių. Skvošas apverskite mentele ir kepkite dar 15 minučių.

Vidutinio dydžio puode ant vidutinės-stiprios ugnies suminkštinkite sviestą. Į ištirpintą sviestą suberkite šalavijus ir čiobrelius ir virkite 30 sekundžių. Išvirusius moliūgo griežinėlius perkelkite į lėkštę. Sviesto ir žolelių mišinį užpilkite ant moliūgų. Pagardinkite druska ir juodaisiais pipirais. Patiekite šiltą.

Mityba (100 g): 188 kalorijų 13 g riebalų 16 g angliavandenių 1 g baltymų 836 mg natrio

Kepti česnakiniai špinatai

Paruošimo laikas: 5 minutės
maisto gaminimo metas: 10 min
Porcijos: 4
Sunkumo lygis: Lengvas

Ingridientai:

- ¼ puodelio aukščiausios kokybės pirmojo spaudimo alyvuogių aliejaus
- 1 didelis svogūnas, plonais griežinėliais
- 3 skiltelės česnako, susmulkintos
- 6 (1 svaras) maišeliai kūdikių špinatų, išplauti
- ½ arbatinio šaukštelio druskos
- 1 citrina, supjaustyta griežinėliais

kryptys:

Didelėje keptuvėje ant vidutinės ugnies 2 minutes pakepinkite alyvuogių aliejų, svogūną ir česnaką. Įdėkite maišelį špinatų ir ½ arbatinio šaukštelio druskos. Uždenkite keptuvę ir leiskite špinatams džiūti 30 sekundžių. Pakartokite procesą (be druskos) vienu metu įpildami 1 maišelį špinatų.

Sudėjus visus špinatus, nuimkite dangtį ir virkite 3 minutes, kad išgaruotų dalis drėgmės. Patiekite šiltą su citrinos žievele ant viršaus.

Mityba (100 g): 301 kalorija 12 g riebalų 29 g angliavandenių 17 g baltymų 639 mg natrio

Kepta cukinija su česnaku ir mėtomis

Paruošimo laikas: 5 minutės

maisto gaminimo metas: 10 min

Porcijos: 4

Sunkumo lygis: Lengvas

Ingridientai:

- 3 didelės žalios cukinijos
- 3 šaukštai aukščiausios kokybės pirmojo spaudimo alyvuogių aliejaus
- 1 didelis svogūnas, susmulkintas
- 3 skiltelės česnako, susmulkintos
- 1 arbatinis šaukštelis druskos
- 1 arbatinis šaukštelis džiovintų mėtų

kryptys:

Cukiniją supjaustykite ½ colio kubeliais. Kepkite alyvuogių aliejų, svogūną ir česnaką 3 minutes, nuolat maišydami.

Į keptuvę suberkite cukinijas ir druską, sumaišykite su svogūnais ir česnakais ir kepkite 5 minutes. Į keptuvę suberkite mėtas ir išmaišykite, kad susimaišytų. Virkite dar 2 minutes. Patiekite šiltą.

Mityba (100 g): 147 kalorijos 16 g riebalų 12 g angliavandenių 4 g baltymų 723 mg natrio

Troškinta Okra

Paruošimo laikas: 55 minutės
maisto gaminimo metas: 25 minutes
Porcijos: 4
Sunkumo lygis: Lengvas

Ingridientai:

- ¼ puodelio aukščiausios kokybės pirmojo spaudimo alyvuogių aliejaus
- 1 didelis svogūnas, susmulkintas
- 4 česnako skiltelės, smulkiai pjaustytos
- 1 arbatinis šaukštelis druskos
- 1 svaras šviežios arba šaldytos okraos, išvalytos
- 1 (15 uncijų) skardinė įprasto pomidorų padažo
- 2 puodeliai vandens
- ½ puodelio šviežios kalendros, smulkiai pjaustytos
- ½ arbatinio šaukštelio šviežiai maltų juodųjų pipirų

kryptys:

Sumaišykite ir pakepinkite alyvuogių aliejų, svogūną, česnaką ir druską 1 minutę. Įmaišykite okra ir virkite 3 minutes.

Įpilkite pomidorų padažo, vandens, kalendros ir juodųjų pipirų; išmaišykite, uždenkite ir virkite 15 minučių, retkarčiais pamaišydami. Patiekite šiltą.

Mityba (100 g): 201 kalorija 6 g riebalų 18 g angliavandenių 4 g baltymų 693 mg natrio

Daržovėmis įdarytos saldžiosios paprikos

Paruošimo laikas: 20 minučių
maisto gaminimo metas: 30 minučių
Porcijos: 6
Sunkumo lygis: Vidutinis

Ingridientai:

- 6 didelės paprikos, skirtingų spalvų
- 3 šaukštai aukščiausios kokybės pirmojo spaudimo alyvuogių aliejaus
- 1 didelis svogūnas, susmulkintas
- 3 skiltelės česnako, susmulkintos
- 1 morka, susmulkinta
- 1 (16 uncijų) skardinė avinžirnių, nuplauti ir nusausinti
- 3 puodeliai virtų ryžių
- 1½ šaukštelio druskos
- ½ arbatinio šaukštelio šviežiai maltų juodųjų pipirų

kryptys:

Įkaitinkite orkaitę iki 350°F. Būtinai rinkitės tokias paprikas, kurios gali stovėti vertikaliai. Nupjaukite pipirų kepurėlę ir išimkite sėklas, dangtelį pasilikite vėlesniam laikui. Sudėkite paprikas į troškinimo indą.

3 minutes pakaitinkite alyvuogių aliejų, svogūną, česnaką ir morkas. Įmaišykite avinžirnius. Virkite dar 3 minutes. Nukelkite nuo ugnies ir išvirtus ingredientus sudėkite į didelį dubenį. Įpilkite ryžių, druskos ir pipirų; mesti derinti.

Kiekvieną pipirą prikimškite iki viršaus, tada uždėkite pipirų dangtelius. Uždenkite troškinimo indą aliuminio folija ir kepkite 25 minutes. Ištraukite foliją ir kepkite dar 5 minutes. Patiekite šiltą.

Mityba (100 g):301 kalorijų 15 g riebalų 50 g angliavandenių 8 g baltymų 803 mg natrio

Moussaka baklažanai

Paruošimo laikas: 55 minutės
maisto gaminimo metas: 40 minučių
Porcijos: 6
Sunkumas: sunkus D

Ingridientai:

- 2 dideli baklažanai
- 2 arbatiniai šaukšteliai druskos, padalinti
- Alyvuogių aliejaus purškalas
- ¼ puodelio aukščiausios kokybės pirmojo spaudimo alyvuogių aliejaus
- 2 dideli svogūnai, supjaustyti
- 10 česnako skiltelių, supjaustytų
- 2 (15 uncijų) skardinės kubeliais pjaustytų pomidorų
- 1 (16 uncijų) skardinė avinžirnių, nuplauti ir nusausinti
- 1 arbatinis šaukštelis džiovintų raudonėlių
- ½ arbatinio šaukštelio šviežiai maltų juodųjų pipirų

kryptys:

Supjaustykite baklažanus horizontaliai į ¼ colio storio apvalius griežinėliais. Baklažano skilteles pabarstykite 1 arbatiniu šaukšteliu druskos ir įdėkite į kiaurasamtį 30 minučių.

Įkaitinkite orkaitę iki 450 ° F. Baklažano skilteles nusausinkite popieriniu rankšluosčiu ir kiekvieną pusę apipurkškite alyvuogių aliejumi arba kiekvieną pusę lengvai patepkite alyvuogių aliejumi.

Sudėkite baklažanus vienu sluoksniu ant kepimo skardos. Pašaukite į orkaitę ir kepkite 10 minučių. Tada mentele apverskite griežinėlius ir kepkite dar 10 minučių.

Pakepinkite alyvuogių aliejų, svogūnus, česnaką ir likusį 1 arbatinį šaukštelį druskos. Virkite 5 minutes, retai maišydami. Suberkite pomidorus, avinžirnius, raudonėlį ir juoduosius pipirus. Troškinkite 12 minučių, retkarčiais pamaišydami.

Giliame troškinimo inde pradėkite sluoksniuoti, pirmiausia baklažanais, tada padažu. Kartokite tol, kol bus panaudoti visi ingredientai. Kepame orkaitėje 20 minučių. Išimkite iš orkaitės ir patiekite šiltą.

Mityba (100 g): 262 kalorijos 11 g riebalų 35 g angliavandenių 8 g baltymų 723 mg natrio

Daržovėmis įdaryti vynuogių lapai

Paruošimo laikas: 50 minučių
maisto gaminimo metas: 45 minutes
Porcijos: 8
Sunkumo lygis: Vidutinis

Ingridientai:

- 2 puodeliai baltųjų ryžių, nuplauti
- 2 dideli pomidorai, smulkiai supjaustyti
- 1 didelis svogūnas, smulkiai pjaustytas
- 1 svogūnas, smulkiai pjaustytas
- 1 puodelis šviežių itališkų petražolių, smulkiai pjaustytų
- 3 skiltelės česnako, susmulkintos
- 2½ šaukštelio druskos
- ½ arbatinio šaukštelio šviežiai maltų juodųjų pipirų
- 1 (16 uncijų) stiklinė vynuogių lapų
- 1 puodelis citrinos sulčių
- ½ puodelio aukščiausios kokybės pirmojo spaudimo alyvuogių aliejaus
- 4-6 puodeliai vandens

kryptys:

Sumaišykite ryžius, pomidorus, svogūnus, laiškinius svogūnus, petražoles, česnaką, druską ir juoduosius pipirus. Vynuogių lapus nusausinkite ir nuplaukite. Paruoškite didelį puodą, ant dugno padėdami sluoksnį vynuogių lapų. Padėkite kiekvieną lapą plokščiai ir nupjaukite visus stiebus.

Kiekvieno lapo apačioje padėkite 2 šaukštus ryžių mišinio. Sulenkite šonus ir kuo tvirčiau susukite. Į puodą sudėkite susuktus vynmedžio lapus ir išrikiuokite kiekvieną susuktą vynmedžio lapą. Tada sluoksniuokite susuktus vynmedžių lapus.

Švelniai užpilkite citrinos sultis ir alyvuogių aliejų ant vynmedžių lapų, įpildami tiek vandens, kad vynmedžių lapai būtų padengti 1 coliu. Ant vynmedžių lapų aukštyn kojom padėkite sunkią lėkštę, mažesnę nei puodo anga. Uždenkite puodą ir kepkite lapus ant vidutinės ugnies 45 minutes. Prieš patiekdami leiskite pastovėti 20 minučių. Patiekite šiltą arba šaltą.

Mityba (100 g): 532 kalorijos 15 g riebalų 80 g angliavandenių 12 g baltymų 904 mg natrio

Ant grotelių kepti baklažanų suktinukai

Paruošimo laikas: 30 minučių
maisto gaminimo metas: 10 min
Porcijos: 6
Sunkumo lygis: Vidutinis

Ingridientai:

- 2 dideli baklažanai
- 1 arbatinis šaukštelis druskos
- 4 uncijos ožkos sūrio
- 1 puodelis rikotos
- ¼ puodelio šviežio baziliko, smulkiai supjaustyto
- ½ arbatinio šaukštelio šviežiai maltų juodųjų pipirų
- Alyvuogių aliejaus purškalas

kryptys:

Nupjaukite baklažanų viršūnes ir supjaustykite baklažanus išilgai ¼ colio griežinėliais. Pabarstykite skilteles druska, o baklažanus 15–20 minučių įdėkite į kiaurasamtį.

Ožkos sūris, rikota, bazilikas ir pipirai. Įkaitinkite grilį, grilio keptuvę arba lengvai aliejumi pateptą keptuvę ant vidutinės-stiprios ugnies. Baklažano skilteles nusausinkite ir lengvai apipurkškite alyvuogių aliejumi. Padėkite baklažanus ant grotelių, grotelių arba keptuvės ir kepkite 3 minutes iš kiekvienos pusės.

Nukelkite baklažanus nuo ugnies ir leiskite atvėsti 5 minutes. Norėdami kočioti, padėkite baklažano griežinėlį plokščiai, ant griežinėlio dugno uždėkite šaukštą sūrio mišinio ir susukite. Patiekite iš karto arba laikykite šaldytuve, kol paruošite patiekti.

Mityba (100 g): 255 kalorijos 7 g riebalų 19 g angliavandenių 15 g baltymų 793 mg natrio

Traškūs cukinijų paplotėliai

Paruošimo laikas: 15 minučių

maisto gaminimo metas: 20 minučių

Porcijos: 6

Sunkumo lygis: Lengvas

Ingridientai:

- 2 didelės žalios cukinijos
- 2 šaukštai itališkų petražolių, smulkiai pjaustytų
- 3 skiltelės česnako, susmulkintos
- 1 arbatinis šaukštelis druskos
- 1 puodelis miltų
- 1 didelis kiaušinis, sumuštas
- ½ puodelio vandens
- 1 arbatinis šaukštelis kepimo miltelių
- 3 puodeliai augalinio arba avokado aliejaus

kryptys:

Cukiniją sutarkuokite į didelį dubenį. Į dubenį sudėkite petražoles, česnaką, druską, miltus, kiaušinį, vandenį ir kepimo miltelius ir išmaišykite, kad susimaišytų. Dideliame puode arba gruzdintuvėje ant vidutinės ugnies įkaitinkite aliejų iki 365 °F.

Spurgų tešlą šaukštą po šaukštą dėkite į karštą aliejų. Apverskite spurgas kiaurasamčiu ir kepkite iki auksinės spalvos maždaug 2–3 minutes. Spurgas nusausinkite nuo aliejaus ir dėkite į lėkštę, išklotą popieriniais rankšluosčiais. Patiekite šiltą su Creamy Tzatziki arba Creamy Traditional Hummus kaip panirimą.

Mityba (100 g): 446 kalorijos 2 g riebalai 19 g angliavandeniai 5 g baltymai 812 mg natrio

www.ingramcontent.com/pod-product-compliance
Lightning Source LLC
Chambersburg PA
CBHW071431080526
44587CB00014B/1800